HEYNE <

ISABELL HORN
mit Lisa Bitzer

Bleibt das jetzt so?

**Die Depression,
mein unperfektes Leben
und ich**

Wilhelm Heyne Verlag
München

Sollte diese Publikation Links auf Webseiten Dritter enthalten,
so übernehmen wir für deren Inhalte keine Haftung,
da wir uns diese nicht zu eigen machen, sondern lediglich
auf deren Stand zum Zeitpunkt der Erstveröffentlichung verweisen.

Zum Schutz Einzelner, die nicht Personen des öffentlichen Lebens oder Mitglieder der Familie sind, wurden einige Namen anonymisiert. Die Grundlage für die in diesem Buch enthaltenen Dialoge und Geschehnisse sind die Erinnerungen von Isabell Horn. Die Gespräche sind sinngemäß wiedergegeben. Ein Anspruch auf wörtliche Übereinstimmung mit tatsächlich stattgefundenen Dialogen wird nicht erhoben.

Der Abdruck auf S. 67 ff. erfolgt mit freundlicher Genehmigung von
Dr. Joseph Dillard und Claudia Hahm, Praxis für Komplementärmedizin,
Psychotherapie und Krisenintervention in Berlin.

Penguin Random House Verlagsgruppe FSC® N001967

2. Auflage
Originalausgabe 09/2022

Copyright © 2022 by Wilhelm Heyne Verlag, München,
in der Penguin Random House Verlagsgruppe GmbH,
Neumarkter Straße 28, 81673 München
Redaktion: Dr. Heike Wolter
Umschlaggestaltung: Hauptmann & Kompanie Werbeagentur, Zürich,
unter Verwendung eines Fotos von
© Rosa & Liebchen Fotografie und Shutterstock.com/vata
Satz: Leingärtner, Nabburg
Druck: CPI books GmbH, Leck
Printed in the EU
ISBN: 978-3-453-60625-8

www.heyne.de

Everybody hurts sometimes
Sometimes everything is wrong

Das Ende

Auf der Straße explodieren Knallerbsen. Jedes Mal, wenn eine der bunten, papierumwickelten Kugeln auf den Asphalt schlägt und mit einem lauten »Peng!« den noch stillen Winterabend zerreißt, zucke ich zusammen. Wäre ich dazu in der Lage, würde ich aufstehen und ans Fenster gehen, um den Kindern aus der Nachbarschaft dabei zuzusehen, wie sie für den Jahreswechsel in ein paar Stunden üben.

Unten schlägt die Haustür zu, kleine Füße trappeln über den Boden, ich höre Fritz lachen. Jens ist mit den Kindern auf dem Spielplatz gewesen, ein letztes Mal in diesem Jahr. Vor meinem inneren Auge sehe ich, wie sie sich aus ihren Jacken, Mützen und Handschuhen schälen, alles auf den Boden fallen lassen und ins Wohnzimmer rasen. Jens hebt augenrollend ihre Kleidung auf und hängt sie ordentlich an den Haken. »Der Papa ist ja da«, höre ich ihn murmeln. Dann folgt er ihnen ins Wohnzimmer, wo es sich Ella und Fritz in ihrem Tipi gemütlich gemacht haben. Sie liegen auf den flauschigen Kissen umringt von Kuscheltieren, Spielzeug und Wimmelbüchern, für die Ella mit ihren fast vier Jahren eigentlich schon zu alt ist. Aber für ihren jüngeren Bruder tut sie alles. Auch Babybücher lesen.

Ich stelle mir vor, wie Jens ans Stoffzelt tritt, in die Hocke geht und unsere Kinder fragt: »Wer freut sich alles aufs Feuerwerk später?«

»Iiich, ich, ich!«, ruft Ella begeistert, wirft das Wimmelbuch zur Seite und klettert aus dem Tipi. Sie holt ihre Toniebox, setzt die Figur mit den Partyhits für Kinder obenauf und beginnt wild zu tanzen. Fritz, der erst seit ein paar Monaten laufen kann, versteht nicht, was ein Feuerwerk ist, aber tanzen kann er auch. Und so tobt die Rasselbande zu lauter Kindermusik durchs Wohnzimmer.

Ich wäre gern bei ihnen. Ich würde mich gern wie sie aufs neue Jahr freuen. Auf 2021, ein Jahr voller neuer Möglichkeiten und voller Hoffnung. In ein paar Tagen wird Joe Biden im Weißen Haus vereidigt. Die Pandemie scheint durch die Entwicklung mehrerer Impfstoffe gebändigt. Und in Kenia leben wieder mehr Elefanten. Es gibt jede Menge Gründe, um glücklich zu sein. Ich habe zwei fantastische Kinder und einen umwerfenden Partner. Ich habe zwei Jobs, die ich wirklich liebe. Ich habe Freunde, ich habe Freizeit, ich habe finanzielle Möglichkeiten.

Nur Lebensfreude habe ich keine mehr.

Ich schließe die Augen, drehe mich auf die andere Seite. Die Dämmerung setzt ein und färbt den Himmel in ein blasses Apricot. Heute war bestimmt ein schöner Tag. Ich habe nichts von ihm mitbekommen. Denn ich lag im Bett, die Decke bis unters Kinn gezogen, und habe geschlafen. Genau wie gestern. Und vorgestern. Und dem Tag davor.

Ein Klopfen an der Tür lässt mich erwachen. Wann bin ich eingenickt? Die Tür geht einen Spaltbreit auf, meine Tochter schlüpft hindurch und betritt das Schlafzimmer. Mit zögerlichen Schritten kommt sie ans Bett und setzt sich mit einer Pobacke auf die Matratze.

»Mama?« Ihre Stimme klingt zart, unsicher, wie ein Vögelchen, das die ersten Laute probt.

Ich drehe mich zu ihr um. Öffne die Augen. Versuche mich an einem Lächeln. »Hallo, mein Schatz.«

»Mama, was ist los mit dir?« Ella sieht mich aus sorgenvollen Augen an. »Bist du traurig?«

In meiner Kehle bildet sich ein Knoten, ich versuche, ihn herunterzuschlucken, doch es gelingt mir nicht. Ich fühle mich fürchterlich. Wie eine komplette Versagerin. Als mir die Tränen in die Augen steigen, blinzele ich sie weg und reiße mich zusammen.

»Ja, ich bin ein bisschen traurig«, erwidere ich und lege meine Finger auf Ellas kleine Kinderhand.

»Warum denn?«, fragt sie, weil Kinder eben diese Fragen stellen.

»Das weiß ich nicht«, antworte ich, obwohl ich die richtige Antwort kenne. Mir ist gerade alles zu viel. Ich habe das Gefühl, vom Gewicht der Welt erdrückt zu werden. Seit Wochen befinden wir uns in einem Lockdown light, der eigentlich vor Weihnachten enden sollte, jetzt aber nicht mehr enden mag. Die Kitas sind seit Monaten immer wieder zu. Am Anfang haben Jens und ich noch die Zeiten, in denen wir Ella und Fritz betreuen, untereinander aufgeteilt, während der jeweils andere sich zurückzog und versuchte zu arbeiten. Es blieb aber beim Versuch. Denn natürlich verstanden die beiden nicht, wieso Mama zu Hause war, aber nicht gestört werden durfte. Andauernd kamen sie ins Büro und wollten etwas von mir. Irgendwann, als ich mit den Nerven bereits am Ende war, mietete ich mir ein Airbnb-Zimmer in der Nähe an, um dort ein paar Stunden am Tag in Ruhe arbeiten zu können. Jens konnte weiterhin in sein Büro, weil alle Mitarbeiter im Homeoffice waren. Doch auch das Airbnb half nicht gegen das Gefühl der Hilflosigkeit, das sich

Tag für Tag weiter in mir ausbreitete. Und der Winter tat sein Übriges. Ich bin ein Sommerkind, liebe die Wärme, den blauen Himmel und die strahlende Sonne. Bei Temperaturen um die null Grad, tagelanger grauer Wolkendecke und »vereinzelten Schauern mit gebietsweise Nebel«, wie es in der Wettervorhersage immer so schön heißt, fühle ich mich wie eine Pflanze, der man Licht, Erde und Sauerstoff genommen hat. Ich habe das Gefühl, dass es mit jedem Tag schlimmer wird. Es gibt keinen Silberstreif am Horizont. Kein Licht am Ende des Tunnels. Keine Aussicht auf Besserung. Es gibt nur mich, diese unendliche, tiefschwarze Leere in meinem Inneren und die Traurigkeit, die mich von innen aufzufressen scheint. Jede Stunde verschlingt sie mehr von mir, und an jedem Morgen, an dem ich aufwache, meine ich, etwas mehr verschwunden zu sein. Ich löse mich auf.

Vielleicht bin ich in ein paar Wochen ja einfach nicht mehr da?

Ella streckt den Arm aus und reißt mich aus den düsteren Gedanken. Sie streichelt mein Haar. »Hast du nicht gern Geburtstag, Mama?«

Jetzt kann ich die Tränen nicht mehr zurückhalten und wende den Kopf ab, damit Ella sie nicht sieht.

»Doch«, murmele ich mit erstickter Stimme. »Ich bin nur sehr müde.«

Jens' Stimme ruft von unten. Er hat Waffeln für die Kinder gemacht. Einen Moment lang bleibt Ella noch neben mir sitzen, dann schleicht sie lautlos aus dem Zimmer und schließt die Tür hinter sich.

Ich bin eine fürchterliche Mutter. Ich sollte mich schämen.

Die Stimme in meinem Kopf ist ein ständiger Begleiter, seitdem es mir nicht mehr gut geht. Sie kritisiert mich, macht mich fertig, sagt mir, dass ich mich nicht so anstellen soll.

Morgen, faucht sie im Fräulein-Rottenmeier-Tonfall, *stehst du auf wie jeder normale Mensch, gehst duschen und machst deinen Kindern Frühstück. Das kann doch wohl nicht so schwer sein!*

Es ist kein guter Vorsatz fürs neue Jahr, es ist ein Befehl. Die Stimme in meinem Kopf scheint zu wissen, dass sich jeder Gang ins Bad für mich wie ein unüberwindbares Hindernis anfühlt. Aber sie kann mir befehlen, was sie will: Ich werde es morgen vermutlich wieder nicht schaffen.

Aus heutiger Sicht weiß ich nicht, wie ich vor einer Woche noch bei meinen Eltern in Bielefeld am reichlich gedeckten Tisch sitzen und Weihnachten feiern konnte. Ich hockte zwischen den Menschen, die ich liebe, kleisterte mir den halben Tag lang ein falsches Lächeln ins Gesicht und trank mehr Alkohol, als meiner Leber und meinem Geisteszustand guttaten. Irgendwie schlug ich mich durch. Überlebte. Aß sogar, was ich seitdem so gut wie nicht mehr tue. Eigentlich liege ich nur noch hier und warte, bis ich mit dem Nichts in meinem Inneren verschmolzen bin.

Erneut dämmere ich in einen unruhigen, nicht erholsamen Schlaf. Als ich die Augen wieder aufschlage, steht Jens neben dem Bett.

»Deine Eltern haben angerufen«, sagt er in beruhigendem Tonfall. »Sie wollten dir zum Geburtstag gratulieren und ...« Er zögert. »Sie machen sich Sorgen.«

Ich suche in meinem Hirn nach einer Reaktion, einem Gefühl, einem Gedanken. Aber da ist nur diese altbekannte, allumfassende Leere.

»Deine Mutter hat angeboten vorbeizukommen. Falls wir ...« Wieder zögert er. »Hilfe brauchen.«

»Wir brauchen keine Hilfe«, erwidere ich und drehe mich auf der Matratze um, um Jens nicht mehr ins Gesicht blicken zu müssen.

Ich spüre seinen Körper, der sich hinter mir ins Bett legt. Er schlingt einen Arm um meine Taille, hält mich. Es ist mir unangenehm, weil ich seit Tagen nicht geduscht habe.

»Willst du nicht doch mal mit jemandem reden?«, flüstert er.

»Nein.«

Ich will im Bett liegen bleiben und mich auflösen. Nicht mehr da sein. Keine Belastung mehr sein, verschwinden.

»Meinst du nicht, dass ...«

»Nein.« Ich liege da, steif wie ein Brett, und hoffe, dass er mich in Ruhe lässt. Dabei spüre ich seine Verzweiflung und Hilflosigkeit. Genau das sorgt aber dafür, dass ich mich noch schlechter fühle – obwohl ich das gerade eben noch für unmöglich hielt.

»Bleibt das jetzt so?«, fragt Jens, und ich kann hören, dass seine Stimme zittert.

Weil ich keine Antwort habe, gebe ich ihm auch keine. Ich weiß, dass ich in diesem Augenblick nicht nur eine fürchterliche Mutter, sondern auch eine entsetzliche Partnerin bin. Doch selbst wenn ich wollte, ich könnte mich gar nicht anders verhalten, als ich es tue.

Für eine Weile liegen wir schweigend da. Dann erhebt er wieder die Stimme: »Die Kinder wollen das Feuerwerk sehen. Gleich ist Mitternacht.«

Die unausgesprochene Frage hängt wie ein Damoklesschwert über dem Bett. Aber ich kann nicht mit nach draußen kommen und mir das Silvesterfeuerwerk anschauen. Ich kann nicht einmal drinnen am Fenster stehen. Ich kann nur hier liegen und darauf warten, dass es vorbeigeht.

Vielleicht morgen. Vielleicht übermorgen.

Oder nie.

Teil 1

Januar – März 2014

1

»Das war's! Haben wir im Kasten. Vielen Dank und schönes Wochenende«, ruft der Aufnahmeleiter.

Mein Kollege Daniel, der bei »Gute Zeiten, schlechte Zeiten« meinen Exfreund Leon Moreno spielt, lächelt mich an. »Und, was hast du am Wochenende vor?«, fragt er, während der Tonmann kommt und ihn entkabelt.

»Wohnung einrichten.« Ich stöhne. »Es ist noch so viel zu tun.«

Wir verlassen das Set, verabschieden uns von der Crew und laufen in Richtung der Garderoben.

»Immerhin musst du jetzt nicht mehr eine Stunde durch Berlin gurken, um zur Arbeit zu kommen«, gibt er zu bedenken.

»Stimmt. Das ist ein Vorteil.«

Und überhaupt. Ich freue mich auf den bevorstehenden Lebensabschnitt in Potsdam. Meine neue Wohnung liegt in der Nauener Vorstadt in einem wunderschönen alten Kasernengebäude, ein roter Klinkerbau mit hohen Decken und großen Bogenfenstern, durch die viel Licht kommt, sogar jetzt im Januar. Gerade einmal zwanzig Minuten dauert der Weg von dort in die Babelsberger Studios. Fünf Jahre bin ich nun von Berlin nach

Potsdam gependelt. Morgens eine Stunde hin, abends eine Stunde zurück, fünf Tage die Woche. Am Anfang noch mit den Öffis, irgendwann war aber Geld für ein eigenes Auto da. Nicht, dass es die Anfahrt einfacher gemacht hätte, ich war ja nicht die Einzige, die in den Stoßzeiten die Stadt verlassen wollte. Zum Glück gehören Staus, Umleitungen und Stop-and-Go nun der Vergangenheit an.

Doch neben dem lachenden gibt es auch ein weinendes Auge. Als ich an meinen Exfreund denke, bildet sich ein Kloß in meiner Kehle. Er war in den letzten Jahren meine Heimat, mein Zuhause. Wir sind ohne Groll auseinandergegangen, haben uns einfach auseinandergelebt. Trotzdem fällt es mir schwer, ohne ihn zu sein. Alles ist anders, alles ist neu. Aus der winzigen Wohnung in Schöneberg bin ich nach Potsdam in das riesige Loft gezogen. Ein radikaler Schnitt war das Beste für mich ... und trotzdem fühlt es sich noch ziemlich merkwürdig an, allein in der großen Wohnung zu sitzen, umgeben von Umzugskartons und nicht aufgebauten Möbeln, die die Spedition vor ein paar Tagen geliefert hat.

»Hast du die Katzen eigentlich mitgenommen?«, will Daniel wissen.

»Na klar. Die sind doch wie Kinder für mich.«

Er lacht. »Auweia. Bald bist du so eine schrullige Katzenfrau!«

Ich falle in sein Lachen ein, während ich neben ihm den Gang entlanglaufe. Wir weichen Ines von der Maske aus, die sich mit einem Lächeln an uns vorbeischiebt.

Ein paar Meter weiter bleiben Daniel und ich vor der Pressewand hängen, an dem die Produktion Berichte, Beiträge und Artikel des Casts aus Zeitschriften, Magazinen und dem Internet sammelt. Diese Wand verursacht bei mir ein ungutes Gefühl. In meinen Augen ist sie eine Art Beliebtheitsskala. Welche Rolle bekommt am meisten mediale Aufmerksamkeit? Worüber tauschen sich die Fans in Foren und Blogs aus? Wer ist auf dem Titel welcher Zeitschrift? Für mich ist der Gang zur Pressewand stets mit zwiespältigen Gefühlen verbunden, einerseits kribbelige Neugier, andererseits nagende Sorge, dass ich nicht populär genug bin oder bei den Zuschauern nicht so gut ankomme wie die anderen Schauspieler.

Seit fünf Jahren spiele ich Pia Koch, die als DJane im fiktiven Berliner Club »Mauerwerk« auflegt. Pia Koch hat schon viel erlebt bei »GZSZ«: Sie durfte spektakuläre Auftritte im »Mauerwerk« ankündigen, wie beispielsweise den der Backstreet Boys. Sie war lange Zeit zwischen zwei Männern, Leon und John, hin- und hergerissen, bis sich die drei für eine polyamore Beziehung entschieden. Und sie musste den Tod ihrer Schwester Verena verkraften, die von Susan Sideropoulos dargestellt wurde. Susan ist 2010 aus der Serie ausgestiegen und fehlt mir immer noch.

Ich habe sie gleich am ersten Drehtag kennengelernt, als ich vollkommen ahnungslos ans Set stolperte. Ich war so aufgeregt! Schließlich kannte ich die Serie aus dem Fernsehen, und nun sollte ich selbst mitspielen. Vor Nervosität schlug mein Magen Purzelbäume, mir war schlecht, und ich bekam fast keinen Ton heraus. Susan nahm mich unter ihre Fittiche und erklärte mir, wie es bei »Gute Zeiten, schlechte Zeiten« so abläuft: Was ist eine Dispo? Wann finden die Proben statt? Was wird von mir erwartet? Mit wem muss ich mich gutstellen – und wem gehe ich besser aus dem Weg?

Ihre Erklärungen waren für mich ein Segen. Ich komme nämlich eigentlich vom Musical und der Bühne und hatte, als ich 2009 in Potsdam anfing, nicht den Hauch einer Ahnung, wie man sich in einem TV-Studio verhält. Deswegen spielte ich Pia zu Beginn auch ziemlich überdreht. Mir war zwar rein technisch klar, dass ich mit meiner Darstellung nicht mehr auch den Zuschauer in der letzten Reihe erreichen musste, was das aber in der Praxis bedeutete, wusste ich nicht. Pia Koch war in den ersten Folgen deshalb deutlich durchgeknallter, als es im Drehbuch angelegt war. Erst mit der Zeit merkte ich: Wenn du so hochtunst, kannst du das nicht lange aushalten. Die Zuschauer vermutlich auch nicht. So wurde Pia Stück für Stück ruhiger, und ich kam immer mehr in der Rolle und den Herzen des Publikums an.

Mittlerweile, und das macht mich richtig glücklich, gehört Pia zu den beliebtesten Figuren der Serie. Ein großes Privileg, das ich absolut wertzuschätzen weiß. Vor allem deshalb, weil ich als Schülerin nie besonders beliebt war.

Damals benutzte den Begriff noch niemand, aber heute würde man mich vermutlich als Nerd bezeichnen. Ich hatte nie Zeit, weil ich immer beim Ballett, beim Gesangsunterricht oder in der Theater-AG war – außerdem war ich eine Streberin und passte im Unterricht auf, anstatt den Jungs Zettelchen mit Liebesbotschaften zu schicken. Das half mir zwar beim Abschlusszeugnis, in Sachen Popularität war ich aber in meiner gesamten Schulzeit eher Schlusslicht.

Umso mehr freut es mich, dass ich als Pia Koch bei den Zuschauern so gut ankomme. Ich weiß, es liegt hauptsächlich an der Figur, aber ein bisschen eben auch an meiner Darstellung und meinem Einsatz. Ich arbeite hart für meine Rolle, nehme an Coachings teil, bespreche die Szenen mit dem Regisseur, und mein Text sitzt immer. Und ich nehme mir Zeit für Interviews, TV-Beiträge, Fanpost – egal, was es ist, ich bin am Start. Ein Job wie bei »GZSZ« ist für mich nämlich nicht selbstverständlich.

Wer sich für die Bühne entscheidet, weiß, dass es keine Sicherheiten gibt. Alle naselang wechselt der Intendant, die Produktion, der Regisseur, es ist ein ständiges Kommen und Gehen, und nie weiß man, wo man nächstes Jahr zu dieser Zeit angestellt sein und damit auch leben wird. Das ist einerseits aufregend und andererseits ermüdend. Vor allem für mich, denn ich bin im Herzen Beamtin. Ich mag, wenn die Dinge korrekt und vorhersehbar ablaufen, bin strebsam und ordentlich, vor allem aber verantwortungsvoll und vernünftig. Die Rolle der Pia Koch, an die ich durch ein Casting kam, ist für Menschen wie mich, die sich zumindest nach einem Minimum an Sicherheit und Berechenbarkeit sehnen, deshalb ein Glücksfall. Klar, auch wir haben »nur« Jahresverträge und können theoretisch gekündigt werden. Aber eine Figur in Deutschlands beliebtester TV-Serie wird nicht einfach so aus dem Drehbuch gestrichen oder umbesetzt. Das sage ich mir immer dann, wenn ich merke, dass in den Medien gerade nicht so viel über mich berichtet wird und der Druck deswegen steigt. Jedenfalls nehme ich das so wahr – aber ich reagiere ohnehin ein wenig sensibel auf Quoten und Meinungen von anderen und zerbreche mir oft vollkommen unnötig den Kopf.

Ich wünschte, ich wäre so entspannt wie Susan damals, die konnte nichts aus der Ruhe bringen. Zumindest wirkte es so. Susan war und ist bis heute ein echtes Vorbild für mich. Ein paar Mal begleitete ich sie zu Veranstaltungen und auf den roten Teppich. Während ich angesichts des Blitzlichtgewitters, der vielen Mikrofone und noch mehr Journalisten, die alle möglichen Namen riefen, meistens zur Salzsäule erstarrte, wirkte meine Kollegin immer wie ein absoluter Vollprofi. Sie parlierte entspannt mit den Reportern, grüßte die Zuschauer in verschiedene Kameras und sah umwerfend aus. Ich hingegen kam mir vor wie die verklemmte Stiefschwester, die man in irgendeinen Designerfummel gesteckt und mit auf die Gala geschleift hatte. Zum Glück legte sich meine Aufregung angesichts solcher Events mit den Jahren, mittlerweile fühle ich mich sogar wohl, wenn die Presse meinen Namen ruft.

»Isabell?« Daniel lächelt mich an. »Auf welcher gedanklichen Autobahn bist du denn gerade unterwegs?«

»Ach, ich habe an meine Anfangszeit gedacht.«

Er lacht. »Du warst so ein Küken.«

Auch ich muss lachen. »Du hast recht. Ich hatte sogar noch die Schale auf dem Kopf.«

Daniel lächelt. »Hab ein schönes Wochenende. Und arbeite nicht zu viel!«

Ich blicke ihm hinterher, während er gut gelaunt durch den Flur in den Feierabend verschwindet. Ich habe wirklich Glück, denke ich, dass ich diesen Job und so nette Kollegen gefunden habe. Und jetzt auch noch die Wohnung! Ich atme einmal tief ein und aus. Dann gebe ich mir einen Schubs und verabschiede mich ebenfalls ins Wochenende, das ich mit Akkubohrer, Umzugskisten und Farbrollen verbringen werde. Ein neuer Lebensabschnitt wartet auf mich. Packen wir's an.

2

Als ich noch ein Kind war, wollte ich Balletttänzerin werden, genau genommen Primaballerina. Ich trainierte wie eine Wahnsinnige, mehrmals in der Woche, und ich war so gut, dass ich mit zwölf auf ein Ballettinternat nach Berlin geschickt wurde.

Dort angekommen, stellte ich allerdings nach wenigen Tagen fest, dass ich nicht mehr, wie in Bielefeld, zu den Besten gehörte, sondern eine der Schlechtesten war. Noch dazu mittelmäßig talentiert, wie man mir immer wieder sagte. Meine Begeisterung für das Ballett schwand, von Tag zu Tag fühlte ich mich unwohler. Zudem sah ich, dass das Internat und der Druck, der auf uns Schülerinnen lastete, die meisten krank machte. Ich bekam mit, dass sich Mädchen übergaben, um ihr Gewicht zu halten. Und so sehr ich mich anstrengte, ich war einfach nie gut genug. Selbst in meinen jungen Jahren konnte ich realistisch einschätzen: Das ist es mir nicht wert. Ich wollte vorn tanzen, in der ersten Reihe, nicht ein gesichtsloser Teil des Ensembles sein.

Also beschloss ich nach nur zwei Monaten im Internat, wieder nach Bielefeld zurückzukehren. Ich musste einen Traum beerdigen, gleichzeitig war mir klar, dass ich mich niemals mit dem Konkurrenzdruck unter den Schülerinnen und der permanenten Stutenbissigkeit arrangieren würde.

Auch bei »Gute Zeiten, schlechte Zeiten« erlebte ich teilweise wieder solche Momente. Vor allem unter den weiblichen Darstellerinnen wurden von Zeit zu Zeit die Ellenbogen ausgefahren. »Hast du die Einladung etwa nicht bekommen?« Fragen wie diese konnten mich in der Anfangszeit richtig aus der Bahn werfen. Tagelang zerbrach ich mir den Kopf darüber, ob ich beziehungsweise meine Rolle interessant, glaubwürdig und sympathisch genug war, um dauerhaft Teil des Casts zu bleiben.

Ich weiß noch genau, wie es sich anfühlte, mich das erste Mal auf der Mattscheibe zu sehen. Wir bekamen Einsicht in die fertigen Bänder, etwa drei Monate vor der Ausstrahlung im Fernsehen. Ich saß mit einem der Schauspiel-Coaches in einem abgedunkelten Raum und fiel beinahe vom Stuhl, als ich plötzlich im Bild erschien. Meine Stimme klang fürchterlich! Und, o Gott, warum hatte mir niemand gesagt, dass ich vollkommen überdreht spielte? Wie ein HB-Männchen auf Droge, total unnatürlich und wirklich kein bisschen nett. An diesem Tag hätte ich beim Sender am liebsten meine Kündigung eingereicht.

Zum Glück hatte ich freundliche Menschen um mich herum, die mich beruhigten. Es sei normal, das eigene Gesicht im Fernsehen erst einmal merkwürdig zu finden, und am Spiel könne man ja noch jede Menge ändern. Leider wusste ich zu diesem Zeitpunkt, dass bereits mehrere Wochen Material im Kasten waren – und zwar Material, das ich genauso überdreht und irre gespielt hatte wie die erste Folge.

Kein Wunder, dass die Fans am Anfang überhaupt nicht begeistert von Pia waren. »Lies nicht die Kommentare in den Foren«, empfahl mir ein Kollege, und selbstverständlich hielt ich mich nicht daran. So kam ich in den fragwürdigen Genuss einiger sehr verletzender Aussagen, die ich mir im Nachhinein gern erspart hätte: *Die Schwester von Verena ist so schrecklich! Sie soll zurück nach München gehen. Kann bitte jemand diese Pia wieder aus dem Drehbuch rausschreiben?!* Mein Selbstbewusstsein litt in diesen Tagen reichlich.

Zu allem Übel war »GZSZ« auch noch sehr erfolgreich und hatte die beste Sendezeit. Eine Menge Menschen verfolgten die Schicksale von John, Pia, Verena, Leon, Jo Gerner und vielen anderen. Das führte dazu, dass man mich nach kurzer Zeit in der Öffentlichkeit erkannte. Manchmal hatte ich regelrecht das Gefühl, beobachtet zu werden – und wenn mich die Leute ansprachen, war es bei mir ganz vorbei. Die wenigsten Zuschauer unterscheiden nämlich interessanterweise zwischen der Rolle Pia Koch und der Schauspielerin Isabell Horn. So kam es, dass mich eines Tages eine ältere Dame an der S-Bahn-Haltestelle ansprach: »Ich finde das ganz schlimm, was Sie da machen mit den beiden Männern. Das gehört sich nicht.«

Zum Glück saß ich zu diesem Zeitpunkt schon fester im Sattel, sodass mich die Kritik der Frau nicht verletzen konnte. Ich fand und finde es nämlich gut, dass es in Serien wie »GZSZ« Raum für ungewöhnliche Beziehungen gibt, das ist ja auch die Vorbildfunktion solcher Formate. Und dass Pia ein bisschen aneckte, war für mich auch okay. Ich hatte mich mit der Rolle arrangiert und sie gemeinsam mit den Autoren verändert. Als Schauspieler haben wir die Möglichkeit, auf größere Erzählbögen in der Serie Einfluss zu nehmen, Ziele festzulegen und eigene Ideen einzubringen. Auch die unzähligen Coachings halfen mir, die Rolle weiterzuentwickeln und langsam in ihr anzukommen.

Etwa ein Jahr nach dem ersten Auftritt von Pia bemerkte ich, dass die Figur bei den Zuschauern gut ankam. Auf meiner damals noch sehr spartanischen Facebook-Seite folgten mir täglich mehr Menschen, Fanpost erreichte mich, vor allem von jungen Mädchen, die ihre Briefe mit Aufklebern liebevoll verzierten. Ich bewege die Leute, ging mir auf, meine Geschichten gingen ihnen ans Herz. Das bemerkte auch die Produktion, was dazu führte, dass ich größere Geschichten und mehr Sendezeit bekam und irgendwann aus dem Cast von »Gute Zeiten, schlechte Zeiten« nicht mehr wegzudenken war. Zumindest glaubte ich das.

Meine Überzeugung bekommt an einem Montagmorgen im Januar einen Dämpfer verpasst. Es ist gerade Drehpause, die ich in meiner Garderobe verbringe, um mich auszuruhen und noch einmal das Drehbuch für die nächsten Szenen durchzugehen. Ich greife nach meinem Handy und scrolle ein bisschen herum, als mit einem Pling eine E-Mail in meinen digitalen Briefkasten trudelt. Die Betreffzeile macht mich schlagartig nervös: *Produzentengespräch Isabell Horn.*

Moment ... was wollen die Produzenten von mir? Habe ich etwas falsch gemacht? Es ist Teil meines Wesens, dass ich in Momenten wie diesen mein inneres Sündenregister aufklappe und nach Verfehlungen suche. In den meisten Fällen finde ich nichts, denn was die Arbeit angeht, bin ich extrem diszipliniert und verantwortungsbewusst – ein typischer Steinbock eben. Sogar meine eigene Gesundheit stelle ich hintenan. Beinahe zwei Jahre dauerte es, bis ich mich zum allerersten Mal krank meldete. Bis zu dem Zeitpunkt dachte ich, die kleine Erkältung kann ich doch locker wegspielen. Ich schleppte mich mit Schnupfen, Heiserkeit und erhöhter Temperatur ans Set, in meinem Arbeitseifer ignorierend, dass ich damit nicht nur mir selbst schadete, sondern auch alle um mich herum anstecken könnte. Aber das war mir egal, denn ich wollte unbedingt abliefern. Erst als mich Susan beiseitenahm und mir dringend riet, den Infekt auszukurieren, ging ich zum Arzt und besorgte mir einen Krankenschein. Und lag – na klar – eine Woche mit schlechtem Gewissen auf dem Sofa zu Hause und hatte das Gefühl, die anderen im Stich zu lassen.

Ich zermartere mir das Hirn. War ich in letzter Zeit krank? Nein. Habe ich irgendwie sonst Ärger gemacht? Ich grabe in meiner Erinnerung herum, aber mir fällt nichts ein. Ja, okay, in den Medien und Magazinen war ich zuletzt etwas weniger. Es steht aber leider gerade keine Hochzeit bei mir an, die ich vermarkten kann – und die Trennung von meinem Exfreund ist nun wirklich keine Schlagzeile wert, davon abgesehen, dass ich solche privaten Dinge eigentlich gern aus der Öffentlichkeit halte. Es war doch sowieso schon schwer genug.

Wenn wenigstens Susan noch hier wäre, die könnte mich sicher beruhigen. Aber meine Serienschwester ist vor einiger Zeit verstorben. Ein tragischer Autounfall, der meine Rolle so richtig aus der Bahn kegelte. Der Abschied von Susan fiel aber auch der Schauspielerin Isabell sehr schwer. Sie fehlt mir hier am Set, als Ansprechpartnerin und Vertraute.

Ob ich jemand anders vom Cast ansprechen soll? Vielleicht haben ja noch mehr Leute die Mail bekommen.

Es klopft an der Tür. »Isa, es geht weiter!«

Meine unguten Gedanken schiebe ich in eine hintere Ecke meines Bewusstseins. Wenigstens versuche ich es. Denn immer wieder holen mich die Sorgen ein. Was gibt es zu besprechen? Warum laden mich die Chefs zu sich ein? Das Feedback, das ich für Pia bekomme, ist doch durchweg positiv! Als ich zum zweiten Mal an diesem Tag meinen Einsatz verpasse, weil ich mit den Gedanken bereits beim kommenden Freitag bin, rufe ich mich zur Räson und stelle mir vor, was Susan zu mir sagen würde: »Es ist alles gut. Mach dich nicht verrückt! Das bringt doch nix. Egal, was auf dich zukommt, du machst das schon.«

Isa macht das schon. Vermutlich könnte das mein Lebensmotto sein. Ganz gleich, wie schwer die Aufgabe ist, Isa kann man die Verantwortung in die Hände legen. Das ist schon seit meiner Kindheit so.

Ich komme aus Bielefeld, genauer gesagt dem Stadtteil Helpup, und wuchs in einer typischen Einfamilienhaussiedlung auf – nur dass wir ein bisschen anders waren als die anderen. Unser rotes Klinkerhaus mit blauen Fensterläden, das letzte in der Straße, grenzte an ein Feld und war eingebettet in einen großen, verwunschenen Garten mit ungemähtem Rasen, in dem es fortwährend klingelte und bimmelte, weil meine Mutter dort selbst gemachte Skulpturen aufstellte und Windspiele an die Äste der Bäume hängte. Sie arbeitete in Bethel, einem besonderen Viertel in Bielefeld, in dem Menschen mit Behinderung leben, und malte in ihrer Freizeit Bilder von nackten Frauen. Mein Vater war Croupier in Bad Oeynhausen, hat eine Zeit lang Modeschmuck und TV-Receiver verkauft und sich parallel einen Autohandel aufgebaut – eine ziemlich ungewöhnliche berufliche Karriere. Bei uns war es anders als in anderen Familien: lockerer, unaufgeräumter, aber auch lauter. Das lag auch an meinen Eltern, deren Beziehung nicht immer harmonisch war. Oft gab es Streit bei uns, Mama wollte Papa sicher fünfzigmal verlassen, und die kleine Isa fühlte sich verantwortlich für das Wohlergehen der Familie und hielt den Laden zusammen.

Heute weiß ich, dass meine Eltern und ich in diesen Phasen Rollen tauschten, weil ich mich wie die Erwachsene verhielt. Ich war vermittelnd, vernünftig und besonnen, hatte Verständnis für all die Befindlichkeiten und Verletzungen und versuchte, mich so weit zurückzunehmen, wie es mir irgendwie möglich war. Mittlerweile sind meine Eltern zum Glück zur Ruhe gekommen. Sie haben sich miteinander arrangiert, pflegen Hobbys, kommen besser denn je miteinander aus. Ob ich einen Anteil daran habe? Vermutlich nicht. Zumindest war es aber meine gesamte Kindheit über mein Anliegen, ihnen nicht noch mehr Probleme zu bereiten, als sie sowieso schon hatten. Auch wegen meines Bruders Alexander, der es in der Schule schwer hatte und einen nicht ganz so geradlinigen Lebensweg geht wie ich. Früher galt er bei uns als Sorgenkind, das zwar mit viel Talent, aber wenig Disziplin ausgestattet war und andauernd in Schwierigkeiten steckte. Als wollte ich das kompensieren, entwickelte ich mich in diesem wilden, chaotischen Familienhaufen also zur vernünftigen, langweiligen Streberin, auf die man sich immer verlassen konnte und die die Sachen im Griff hatte. Isa macht das schon.

Blöderweise vergisst man seine eigenen Bedürfnisse sehr häufig, wenn man ständig damit beschäftigt ist zu funktionieren. Auch in der Woche nach der merkwürdigen E-Mail der Produzenten geht es mir so. Ich funktioniere, fahre morgens zur Arbeit, spiele meine Szenen, lache mit den Kollegen, plaudere mit den Damen aus der Maske, spreche mit dem Regisseur und fahre abends wieder nach Hause. Und versuche zu vergessen, dass ich diesen Termin am Ende der Woche habe.

Doch so sehr ich mich auch anstrenge, ich werde das Gefühl nicht los, dass etwas nicht stimmt. Zwischen den Zeilen versuche ich bei den anderen Schauspielern herauszuhören, ob sie ebenfalls eine Einladung zum Gespräch bekommen haben. Doch niemand macht eine Andeutung oder erzählt davon. Am

Mittwoch, zwei Tage nach der Mail, bin ich mir sicher, dass ich in Schwierigkeiten stecke. Niemand sonst wurde zu den Produzenten zitiert – ich bin die Einzige, und das kann nichts Gutes verheißen. In den Nächten liege ich wach und grübele. Tagsüber bin ich oft abgelenkt oder so in Gedanken versunken, dass ich nicht mitbekomme, wenn ich angesprochen werde.

Erst am Donnerstag schnappe ich im Vorbeigehen auf, dass mein Spielpartner John, gespielt von Felix von Jascheroff, am Freitagabend ebenfalls zu den Produzenten kommen soll. Ich spreche ihn an, erzähle ihm, dass ich auch eingeladen bin.

Felix lächelt. »Lass uns zusammen hingehen, ja?«

»Klar«, antworte ich erleichtert. Dann jedoch holt mich das mulmige Gefühl wieder ein. »Denkst du, es ist irgendwas passiert? Oder sie wollen uns eine schlechte Nachricht übermitteln?«

Er schüttelt den Kopf. »Quatsch. Es wird nichts Wildes sein. Sicher nur irgendetwas Organisatorisches. Oder sie besprechen mit uns, wie es mit John und Pia weitergeht.«

Felix dreht sich um und geht, und ich empfinde endlich so etwas wie Beruhigung. Mein Kollege ist guter Dinge – und genau das sollte ich auch sein. Beinahe bin ich versucht, über mich selbst den Kopf zu schütteln. Immer am Zweifeln, Isa!, schimpfe ich mich selbst. Bestimmt ist es so, wie Felix sagt: nichts Wildes. Sie wollen uns einfach nur sagen, welche Geschichten mit John und Pia als Nächstes erzählt werden. Es gibt keinen Grund, sich den Kopf zu zerbrechen. Gar keinen. Und selbst wenn das Treffen nicht so verläuft, wie du es dir gerade vorstellst: Isa macht das schon.

3

Obwohl ich die vergangenen zwei Tage damit zugebracht habe, jedweden schlechten Gedanken an das bevorstehende Gespräch beiseitezuschieben, spüre ich am Freitag, wie die Aufregung Besitz von mir ergreift. Die Szenen, die an diesem Nachmittag dran sind, kriege ich gar nicht richtig mit. Es fällt mir schwer, mich zu konzentrieren, ich galoppiere durchs Drehbuch, Hauptsache fertig werden. Felix grinst mir einmal verschwörerisch zu, aber selbst das kann meine Nervosität nicht mindern.

Um sieben Uhr abends fällt endlich die letzte Klappe. Ich eile in die Garderobe, ziehe mich um, schminke mich ab. Kurz darauf klopft Felix an der Tür und holt mich ab.

Während wir schweigend in Richtung des Produzentenbüros laufen, denke ich über meinen bisherigen Karriereweg nach, der bislang nur eine Richtung kannte: nach oben.

Da ich bereits mit zwölf Jahren wusste, dass aus mir in diesem Leben keine Primaballerina mehr werden würde, entwickelte ich einen neuen Plan. Ich wollte zum Musical! Nach der Zwölften schloss ich die Schule ab und bewarb mich um einen Studienplatz. Zu meinem großen Glück wurde ich im ersten

Anlauf in Wien genommen und wechselte ein Jahr später nach Berlin an die UdK. Dort fand ich alles, was mein Herz begehrte: Unterricht in Tanz, Gesang und Schauspiel, erfahrene Lehrer, tolle Kommilitonen und jede Menge Möglichkeiten, um mich auszuprobieren. Nach vier Jahren schloss ich das Studium ab und hatte bereits vor der letzten Prüfung mein erstes Engagement in der Tasche. In Hamburg würde ich die Rolle der Baby in »Dirty Dancing« übernehmen – ein absoluter Glücksfall und eine Ausnahme unter meinen Mitstudenten, die sich gerade nach einem Job umsahen. Mir aber hatte man eine Hauptrolle angeboten, und das, obwohl ich keinerlei Erfahrung hatte, sah man von der Ausbildung einmal ab. Mein Ehrgeiz, nicht die dritte Giraffe von links zu spielen, sondern ganz vorn mitzumischen, und mein Fleiß über die Jahre hatten sich also ausgezahlt.

Ich ging nach Hamburg, zog in ein kleines Zimmer einer mehr oder weniger heruntergekommenen WG und arbeitete an sechs Tagen in der Woche. Von Dienstag bis Freitag mit einer Vorstellung am Tag, am Wochenende sogar mit Doppelvorstellungen, nur den Montag hatte ich frei. Es waren knüppelharte, kräftezehrende anderthalb Jahre, aber ich liebte jeden einzelnen Tag davon.

Mittlerweile hatte ich eine Agentur gefunden, die mich unter Vertrag nahm. Als sich meine Zeit bei »Dirty Dancing« dem Ende zuneigte, auch weil ich spürte, dass die körperlichen Belastungen langsam, aber sicher ihren Tribut forderten, bekam ich ein Engagement im Ensemble von »My Fair Lady« in Berlin. Kurz danach schlug man mir vor, mich für eine Serienrolle zu bewerben. Wir nahmen ein ziemlich dilettantisches Video auf, das jedoch offenbar nicht schlecht genug war, denn kurz darauf wurde ich zum Casting für die Rolle der Pia Koch bei »Gute

Zeiten, schlechte Zeiten« eingeladen. Was für eine Ehre!, dachte ich im ersten Moment. Und im zweiten: O Gott, was mache ich überhaupt hier?!

Ich hatte keine Ahnung. Nicht von Dreharbeiten, nicht von Fernsehproduktionen, nicht vom Bewerben um eine Rolle. Dementsprechend mies lief das Casting in meinen Augen, und ich war mir absolut sicher, dass ich nie wieder etwas von der Produktionsfirma hören würde. Umso überraschter war ich, als mich die Agentur anrief und verkündete, dass ich die Rolle bekommen hätte. Ich konnte es überhaupt nicht glauben. Selbst als ich ein paar Wochen später im Produktionsbüro saß, rechnete ich jeden Moment damit, dass ein Team der »Versteckten Kamera« aus der Kulisse springen und mich über das »Missverständnis« aufklären würde. Doch nichts dergleichen geschah. Man begrüßte mich herzlich im Cast, schob mir eine Dispo für die kommenden Wochen und einen unterschriebenen Arbeitsvertrag über den Schreibtisch und verabschiedete mich aus dem Produktionsbüro.

Dasselbe Produktionsbüro, dieselben Menschen, fünf Jahre später. Mit jedem Schritt, den ich gehe, werde ich unruhiger. Felix neben mir strahlt Selbstsicherheit und Zuversicht aus, keine Ahnung, ob das seinem schauspielerischen Talent zu verdanken ist, oder ob er sich wirklich keine Sorgen macht.

Wir kommen am Büro an, wo man uns bereits erwartet. Die Produzenten bieten uns die Stühle vor dem großen Tisch an, hinter dem sie sitzen und uns in professioneller Freundlichkeit anlächeln. Zumindest von ihren Gesichtern kann ich nichts ablesen. Ist das ein gutes Zeichen? Das Herz schlägt mir bis zum Hals, meine Hände sind feucht und zittern. Beruhige dich!, sage ich mir selbst. Es ist alles gut. Deine Nerven gehen mit dir durch.

»Felix, Isa. Wie schön, dass ihr es einrichten konntet«, beginnt die Produzentin.

Am liebsten würde ich vom Stuhl aufspringen, meine Hände auf die Tischplatte stemmen und schreien: »Jetzt spuckt's endlich aus!« Das würde ich aber niemals tun. Ich bin Isa, ich bin vernünftig und kann mit jeder Situation umgehen. Dieses Mantra wiederhole ich in den kommenden Augenblicken mehrmals, bis ich mich wirklich ein bisschen beruhigt habe.

»Dann kommen wir mal zur Sache. In den vergangenen fünf Jahren haben wir viele Geschichten rund um Pia und John erzählt«, beginnt die Produzentin und verschränkt die Finger ineinander. Ihr Blick wird ernst. Sehr ernst.

Und mir rutscht das Herz in die Hose.

»Nun sind wir an einem Punkt angekommen, an dem die Geschichte der beiden auserzählt ist.«

Zuerst denke ich, meine panischen Gedanken haben mir einen Streich gespielt. Ich lehne mich ein wenig nach vorn, blinzele, lausche. Hat sie das wirklich gesagt, oder habe ich es mir nur eingebildet? Mein Blick wandert zu Felix. Seine Miene ist so versteinert, dass es nur eines bedeuten kann: Sie hat es wirklich gesagt.

»Es tut mir leid, Isabell, und natürlich auch Felix«, erklärt der Produzent, der bislang geschwiegen hat. »Aber wir haben uns ein schönes Ende für euch ausgedacht. Pia und John werden heiraten, und dann geht es in die Flitterwochen nach Costa Rica! Natürlich nur im Drehbuch.«

Er lacht, wirft seiner Kollegin einen Blick zu, auch sie schmunzelt.

Ich sitze einfach nur da und höre, wie das Blut in meinem Kopf rauscht. Ansonsten ist alles leer. Mein Magen fällt ins Bodenlose.

Neben mir räuspert sich Felix. Er wirkt ähnlich fassungslos wie ich, hat sich aber schneller wieder unter Kontrolle. »Und dann kommen wir aus den Flitterwochen einfach nicht mehr zurück, oder was?«

»Genau«, sagt die Produzentin. »Ihr zieht nach München. Und werdet glücklich.«

»Aha«, sagte Felix und schweigt.

Mein Mund klappt auf, ich will etwas sagen. Aber kein Laut dringt über meine Lippen. Was soll ich denn auch fragen? Habt ihr sie noch alle? Geht ihr so mit Mitarbeitern um? Was ist denn das für ein blödes Ende? Irgendwann kann ich mich doch zu einer Frage durchringen. »Wie lange haben wir noch?«

Der Produzent blättert in einigen Papieren auf dem Schreibtisch. »Zwanzig Drehtage.« Er erhebt sich. »Danke, dass ihr da wart.«

»Bitteschön«, sage ich im Reflex wie ein falsch programmierter Roboter.

Ich fühle mich wie gelähmt. Zwanzig Drehtage? Das ist gerade mal ein Monat. In wenigen Wochen bin ich arbeitslos, mein Jahresvertrag endet kurz nach diesem letzten Drehtag. Sie haben mich rausgeschmissen. Einfach so, ohne dass irgendetwas passiert ist. Oder? Ob ich fragen soll? Was ich falsch gemacht habe? »Geschichte auserzählt«, was soll das heißen? Es gibt Rollen, die spielen seit einem Jahrzehnt mit und werden nicht abgesägt! Warum wir? Warum Pia? Sie ist doch beliebt bei den Zuschauern! Geht das überhaupt so einfach?

Und wie das geht. Vor der Bürotür erklärt mir Felix, wie unsere Verträge aufgebaut sind – und dass es ziemlich einfach ist, sie nicht zu verlängern. Wir haben kein Anrecht darauf, Teil der Serie zu bleiben.

»Das war's dann also«, sagt mein Spielpartner, dem ich immer noch nicht anmerke, ob er traurig, schockiert, wütend oder vielleicht sogar erleichtert ist. Anders als ich kann er seine Gefühle wahnsinnig gut verbergen.

Mir hingegen ist der Schock anzusehen. Ich bin kaum in der Lage, in den kommenden Minuten eine Entscheidung zu treffen. Soll ich nach Hause fahren? In meine immer noch nicht fertig eingerichtete Wohnung? Die ich mir extra genommen habe, um näher am Set zu sein? Oder lieber jemanden anrufen? Aber wen? Doch nicht etwa meinen Ex? Was soll ich sagen? Ich wurde gefeuert? Dann muss ich erklären, was passiert ist. Und habe es selbst doch kaum verstanden.

Auf dem Weg nach Hause bin ich wie in Trance. Es grenzt an ein Wunder, dass ich keinen Unfall baue. Aber der Autopilot übernimmt die Kontrolle, bringt mich in mein Loft. Meine beiden Katzen streichen mir bei der Ankunft um die Beine. Sie scheinen zu spüren, dass etwas nicht in Ordnung ist. In Schuhen und Jacke lasse ich mich aufs Sofa sinken.

Wie geht es weiter? Was mache ich denn jetzt?

Mein Blick wandert durch die für mich eigentlich zu große Wohnung. Die Miete ist knackig. Wie soll ich die denn jetzt bezahlen? Als ich noch Studentin war, kam ich mit wenig aus. Ich bekam BAföG, den Rest verdiente ich mir in Nebenjobs dazu. Dabei war ich mir für nichts zu schade. Ich arbeitete beim Bäcker und als Kellnerin, verteilte in einem riesigen Sandwichkostüm aus Schaumstoff Flyer auf dem Alex, rief aus dem Call-Center bei wildfremden Leuten an und tanzte als Gogo in Diskos. Irgendwann bekam ich mit, dass ich als Stripperin mehr Geld verdienen könnte. Also meldete ich mich bei einer Plattform für private Veranstaltungen an und ging fortan zweimal im Monat auf Junggesellenabschieden oder Geburtstagen tanzen. Ich bin weder besonders sexy noch kurvenreich gebaut, war aber athletisch und kreativ genug, um aus meinen Auftritten kleine Musical-Performances zu machen. Es war ein Job, mehr nicht – und manchmal erlebte ich echt skurrile Situationen. Zum Beispiel bei dem älteren Herrn, für den ich zu seinem 70. Geburtstag tanzte. Ich hatte eine Flasche Sprühsahne dabei, die ich mir während meiner Show auf den Bauch sprühte. Der Jubilar sollte die Sahne dann von mir ablecken. Währenddessen dachte ich noch: Die Sahne riecht irgendwie komisch. Als ich später meinem damaligen Freund davon erzählte, fiel er fast vom Sofa vor Lachen.

»Die war schlecht, Isa! Wahrscheinlich hat der Mann eine Lebensmittelvergiftung bekommen. Herzlichen Glückwunsch zum Geburtstag.«

In diesem Moment hier in meinem Loft habe ich ebenfalls einen sauren Geschmack auf der Zunge. Er kommt aber nicht von schlechter Sprühsahne, sondern von der Magensäure, die mir die Speiseröhre hochsteigt. Ich fühle mich immer noch leer, verspüre jedoch einen Anflug von Wut. Wie können sie mich einfach entlassen? Und ich Idiotin sage auch noch brav »Bitte« und »Danke«, als hätten sie mir eine Gehaltserhöhung angeboten. Ich ärgere mich so sehr über mich selbst – vor allem darüber, dass ich die letzte Bitte der Produzenten nicht mit einer energischen Handbewegung vom Tisch gefegt habe.

»Es wäre für uns alle von Vorteil, wenn ihr euren freiwilligen Ausstieg selbst verkünden würdet. Vor allem den Medien und den Fans gegenüber.«

Freiwilliger Ausstieg? Dass ich nicht lache. Ich wurde gefeuert, und jetzt will man mir einen Maulkorb verpassen. Das werden die Zuschauer nie verstehen. Ich erinnere mich daran, wie entgeistert sie bei Susans Ausstieg waren ... und da gab es einen langen Vorlauf. Ich werde in vier Wochen einfach weg sein. Aus dem Drehbuch radiert. Von der Gehaltsliste gestrichen. Abgeschaltet.

Ich schäme mich. So etwas ist mir noch nie passiert. Habe ich nicht doch etwas falsch gemacht? Noch in Winterjacke und Stiefeln erhebe ich mich vom Sofa und gehe in die Küche, gefolgt von meinen beiden maunzenden Katzen. Ich spüre eine unendliche Traurigkeit in mir. Ich bin arbeitslos. In diesem Moment kommt die Information wirklich bei mir an. Und ich beginne zu weinen.

4

Ich stehe an der Wohnungstür. Mein frischgebackener Ehemann hält mich im Arm. Wir winken unseren Freunden zu, die meisten haben Tränen in den Augen. Es ist der schönste Tag meines Lebens. Vor einigen Stunden habe ich John geheiratet, gleich fliegen wir in die Flitterwochen nach Costa Rica. Wir werden durch die Tür gehen und nicht wiederkommen. Nie wieder.

An dem Abend, an dem man mir meine Kündigung überreichte, rief ich nach dem dritten Glas Wein doch noch heulend meinen Exfreund an. Tommi machte kein Federlesen, kam sofort nach Potsdam raus und nahm mich in die Arme. Er war für mich da, als ich in Tränen aufgelöst mit meinem Schicksal haderte, fing mich auf, als ich betrunken fast vom Sofa fiel, und hielt mir die Haare aus dem Gesicht, als ich mit der Toilettenschüssel auf Tuchfühlung ging.

Am nächsten Tag fühlte ich mich fürchterlich. Verkatert, leer geweint und noch verzweifelter als am Tag davor. Ich begriff, warum uns die Produzenten die Kündigung an einem Freitagabend überreicht hatten. Niemals hätte ich für möglich gehalten, dass Menschen so berechnend sind.

Ich rief meine Mutter an und erzählte ihr, was passiert war. Sie versuchte mich zu trösten. »Dinge enden, aber dafür beginnen auch andere. Du hast alles richtig gemacht, Schatz.«

Ihre Stimme beruhigte mich zwar, doch kaum dass ich aufgelegt hatte, überfiel mich wieder diese unendliche, tiefschwarze Verzweiflung. Ich war in den letzten Jahren Pia Koch geworden. Ich hatte die Figur weiterentwickelt, ihr Leben eingehaucht. Sie war mein Zwilling, die mutige, etwas durchgeknallte Version meiner selbst. Wie konnte sie in ein paar Wochen einfach weg sein? Auserzählt ... so ein Quatsch! Sie hatten mich loswerden wollen. Aber warum?

Die Fragen wirbelten in meinem Kopf herum, doch so sehr ich auch nachdachte, ich fand keine Antwort. Vielleicht war das das Schlimmste: dass ich es einfach nicht verstand. Ich bin ein vernünftiger Mensch. Wenn ich etwas begreife und nachvollziehen kann, akzeptiere ich es auch. Nur leider verwehrte man mir diese Einsicht – und damit auch den Umgang damit.

Nachdem ich den Samstag im Bett verbracht hatte, kehrten am Sonntag die Lebensgeister zurück – zumindest aber mein Trotz. Sollten sie doch ohne mich klarkommen. Bitteschön! Ich würde am Montag nicht zum Dreh erscheinen. Ich würde krank sein. Auch wenn ich Isa-macht-das-schon war, irgendwann war auch bei mir mal das Fass voll.

Natürlich kam es anders. Am darauffolgenden Morgen wachte ich um sechs Uhr auf, fütterte die Katzen und fuhr nach Babelsberg. Ich lächelte, als ich dem Pförtner einen guten Morgen wünschte. Ich lächelte, als ich im Büro der Aufnahmeleitung die Dispo entgegennahm. Ich lächelte, als ich mich auf den Stuhl der Maskenbildnerin setzte und die Augen schloss, um mich schminken zu lassen. Ich lächelte selbst dann, als es nichts mehr zu lächeln gab.

Die Neuigkeiten machten in den nächsten Tagen die Runde. Entsetzte, fassungslose Kolleginnen und Kollegen sprachen mir ihr Bedauern aus. Die Leute von der Produktion klopften mir tröstend auf die Schulter. Felix und ich spielten, wie wir immer gespielt hatten: als ob nichts passiert wäre. Als ob es einfach weiterginge. Und jeden Tag rückten wir dem Ende ein Stückchen näher.

Als der Moment gekommen ist, nehme ich das Set wie durch einen Filter wahr. Pias und Johns letzter Augenblick bei »Gute Zeiten, schlechte Zeiten« ist auch unsere letzte Szene. Es ist das große Happy End, auf das sich niemand gefreut hat, und mir ist tatsächlich die ganze Zeit zum Heulen zumute. Ines, die Maskenbildnerin, verzweifelt, weil sie mich unentwegt nachschminken muss. Doch ich kann nichts dagegen tun, die Tränen quellen einfach aus meinen Augen heraus und laufen mir unkontrolliert über die Wangen.

Pia und John sollen eigentlich überglücklich sein. Einen stärkeren Kontrast könnte es gerade nicht geben. Alles in mir wehrt sich dagegen, den letzten Take aufzunehmen, gleichzeitig wünsche ich mir, dass es endlich vorbei ist. Vier Wochen Spießrutenlauf, vier Wochen mitleidige Blicke, vier Wochen Zusammenreißen und Weitermachen.

Isa macht das schon. Aber Isa kann nicht mehr.

Während wir uns für die letzte Einstellung in Position bringen, sehe ich im Augenwinkel, dass im Hintergrund das Produktionsteam ins Studio kommt. Jemand trägt einen riesigen Blumenstrauß in der Hand. Reflexhaft wende ich den Blick ab, schon wieder muss ich heulen.

»Maske!«, ruft der Regisseur. Er klingt immer noch verständnisvoll, obwohl ich den ganzen Laden aufhalte.

Ines eilt ans Set, tupft mir im Gesicht herum, reicht mir ein Taschentuch. »Tapfer bleiben«, raunt sie mir zu.

Wir drehen die letzte Einstellung. Einmal. Zweimal. Dreimal. Dann fällt die Klappe.

Einen Wimpernschlag später ploppt ein Sektkorken. Wenn mir gerade noch nach Heulen zumute war, fühle ich jetzt einfach nichts mehr. Als hätten sich all meine Gefühle gleichzeitig in eine dunkle Höhle zurückgezogen, wie Anemonen in den Korallenriffen.

Meine Schauspielkollegen stürmen auf mich zu. Jemand fällt mir um den Hals, weint an meiner Schulter.

Ich spüre nichts. Vielleicht habe ich ja alle Gefühle in den letzten Wochen aufgebraucht. Jetzt ist nichts mehr da, was ich fühlen kann. Der Emotionsvorrat ist leer. Ich taste in mir nach einer Empfindung. Erleichterung? Traurigkeit? Enttäuschung? Doch ich finde nichts. Nur Dunkelheit und Leere.

Eine Minute später drängelt sich ein Kamerateam nach vorn. Es kommt von irgendeinem Magazin des Senders. Eine übermotivierte Redakteurin hält mir ein Mikrofon unter die Nase, auf dem in gelb-rot-blauen Buchstaben das Logo von RTL steht.

»Isa, wie fühlst du dich?«

Für einen Moment kann ich es nicht fassen. Die wollen jetzt nicht wirklich ein Interview, oder? Dann fällt mir wieder ein, dass alle Welt ja denkt, ich sei freiwillig gegangen. Nur die Leute vom Set und der Produktion wissen, dass es anders war. Ich will rebellieren, möchte sagen, dass man mich vor die Tür gesetzt hat. Doch dreißig Jahre gute Erziehung, Sozialisation und Prägung haben aus mir ein nettes, verständiges Mädchen gemacht. Also setze ich ein falsches Lächeln auf und sage knapp: »Gut.«

»Möchtest du dich bedanken?«, drängt die Redakteurin weiter.

Mich bedanken? Einen Augenblick lang bin ich sprachlos und weiß nicht, was ich sagen soll. Bei wem denn, bei den Produzenten? Mir fallen die vielen lieben Briefe von Fans und Zuschauern ein. Die kleinen Geschenke, die mich in meiner Garderobe erreichten. Die freundlichen Kommentare in den Foren oder in der Stadt, wenn mich manchmal jemand erkannte. Diese ganze Scharade mache ich doch nur für die Fans, damit sie die Serie weiterschauen, deren Teil ich fünf Jahre gewesen bin.

»Ich möchte mich bei den Zuschauern von ›Gute Zeiten, schlechte Zeiten‹ bedanken«, bringe ich heraus. »Danke, dass ihr Pia und mir fünf Jahre eure Aufmerksamkeit geschenkt habt.«

Die Reporterin nickt dem Kameramann zu, sie hat, was sie wollte, und zieht weiter. Ich bleibe stehen, wie ein Monolith im Sturm, außen wie innen kalt und unbewegt.

Am Set herrscht nun ausgelassene Laune. Sektgläser werden gefüllt und geleert, Tabletts mit Sushi machen die Runde. Eine Stunde bleibe ich, dann habe ich das Gefühl zu explodieren. Ich setze nicht zur großen Verabschiedung an, sondern stelle mein Sektglas auf einer Kulisse ab und schleiche mich davon.

Draußen empfängt mich die kühle, klare Februarnacht. Ich schaue hinauf in den sternenübersäten Himmel. Eine Autotür schlägt, Schritte knirschen auf dem raureifüberzogenen Asphalt. Es ist Tommi.

Er breitet die Arme aus. Und ich lasse mich endlich fallen.

5

Warum bist du ausgestiegen?

Immer wenn ich zum Handy greife, werde ich mit dieser Frage konfrontiert. Sie wird von Reportern, Redakteuren und den Followern auf meiner Facebook-Seite gestellt. Selbst einige entfernte Bekannte haben meine Nummer in ihren Handys wiedergefunden und schreiben. Andauernd piept und klingelt mein Telefon in den Tagen nach meinem Ausstieg, bis ich mich dazu entscheide, es auf lautlos zu stellen.

Ich lausche in die stille Wohnung hinein. Irgendwo kratzt eine Katze an ihrem Baum herum. Ansonsten ist es ruhig. Nach fünf Jahren Rushhour, Arbeit bis zum Umfallen, Terminen, Zeitdruck und Halligalli ist es still in meinem Leben geworden.

Ich liege im Bett und fühle mich elend. Was soll ich heute machen? Es ist Mittwoch, fünf Tage nach meinem letzten Arbeitstag. Die Zeit, die ich im Bett verbringe, ist in den letzten Tagen kontinuierlich angestiegen, und beinahe zeitgleich hat sich mein Selbstwert von mir verabschiedet. Ich habe das Gefühl, vollkommen unnütz zu sein. Es gibt keinen Grund mehr für mich, morgens aufzustehen, unter die Dusche zu springen und etwas zu frühstücken. Die Katzen versorge ich, noch reicht das Futter, aber irgendwann, wird mir in diesem Augenblick klar, werde ich wohl wirklich aufstehen und in den Supermarkt fahren müssen.

Jedes Mal, wenn mich wieder eine Nachricht oder Mail erreicht, in der mir ein Fan oder eine Reporterin die Frage stellt, warum ich »GZSZ« verlassen habe, möchte ich schreiben: »Leute, das war nicht meine Entscheidung.« Aber ich erinnere mich noch sehr gut an den eindringlichen Blick der Produzenten. Ihre »Bitte«, die eigentlich keine Bitte war, sondern eine Anordnung.

»Sag, dass es deine Entscheidung war. Das kommt draußen besser an.«

Draußen? Draußen interessiert mich gerade einen Scheiß. In mir drinnen ist es kalte, einsame Nacht. Ich sehe keine Sterne, ich sehe keinen Mond, kein Licht dringt zu mir durch. Doch so schlecht es mir auch geht, ich kann mich nicht dazu durchringen, den Leuten die Wahrheit zu erzählen. Stattdessen finde ich eine Formulierung, mit der ich einigermaßen leben kann. »Mir ist meine Rolle Pia richtig ans Herz gewachsen, und ich bin sehr dankbar für die lehrreiche und schöne Zeit bei GZSZ«, schreibe ich auf meiner Facebook-Seite. »Ich hätte mich gefreut, wenn Pia noch weitere aufregende Geschichten erleben dürfte ... Nun wird sie auf dem Höhepunkt aussteigen.«

Tommi kommt immer wieder bei mir vorbei und sieht nach mir. Ihm habe ich zu verdanken, dass überhaupt etwas zu essen im Haus ist. Und er ist es auch, der mir irgendwann das Handy aus der Hand nimmt.

»Hör auf, dich selbst zu quälen«, sagt er.

Gerade habe ich gesehen, dass einige Promi-Seiten im Netz berichten, ich sei aus der Serie geschmissen worden. Das tut so weh! Ich würde es gern richtigstellen ... aber im Grunde haben sie den Nagel auf den Kopf getroffen. Ich wurde aussortiert.

»Aber ich muss doch irgendwie reagieren!«, begehre ich auf.
»Musst du das?«, fragt er mich und sieht mich lange an.

Nein. Ich muss gar nichts. Vielleicht hat er auch recht, vielleicht sollte ich mir einfach eine Auszeit von dem allen gönnen. Gerade wenn es einem nicht gut geht, ist es sehr hart, in der Öffentlichkeit zu stehen. Ständig fühle ich mich beobachtet. Ich überlege seit Tagen, was ich nun auf Facebook posten könnte – ein Lebenszeichen aus dem »Leben danach« würde ich gern senden. Aber was könnte der Inhalt sein? Alles halb so schlimm? Nach Regen kommt Sonne? Ich bastle schon wieder an neuen Plänen? Oder wäre es nicht viel authentischer, ein Selfie von mir mit ungewaschenen Haaren und Schlabbershirt aufzunehmen und zu schreiben, wie es mir wirklich geht?

Nein, Selbstmitleid ist keine Option. Außerdem habe ich Sorge, wie eine sitzen gelassene Exfreundin zu wirken, die aus blinder Rache um sich schlägt. Mit dem Sender will ich es mir auch nicht verscherzen. Ich verstehe ja, wie so eine Serie funktioniert. Neue Charaktere kommen, andere gehen. Es ist nichts Persönliches, dass dieses Mal Pia dran war. Die Produzenten machen ihren Job, und zwar gut. Nicht umsonst ist »GZSZ« seit Jahren die erfolgreichste Daily Soap im deutschen Fernsehen mit Millionen von Zuschauern. Ich bin unglaublich dankbar, dass sie mir damals diese Chance gegeben haben. Trotzdem tut es weh.

»Wann hast du denn den Termin beim Arbeitsamt?«, will Tommi wissen. Er hat sich neben mich aufs Bett gesetzt und streichelt die Katze, die sich nach Zuneigung lechzend um seine Beine wickelt.

»Nächste Woche«, brumme ich ins Kissen. Schon beim Gedanken daran schäme ich mich in Grund und Boden. Ich musste noch nie zum Arbeitsamt, noch nie! Doch wenn ich es nicht tue, werde ich die Wohnung nicht halten können. Wo soll das Geld für das Katzenfutter herkommen, wenn ich es nicht verdiene? Mir fällt der Satz ein, den Daniel vor einigen Wochen zu mir gesagt hat: »Bald bist du so eine schrullige Katzenfrau!« Damals habe ich noch darüber gelacht. Heute ist mir nicht mehr zum Lachen zumute.

»Du gehst zu dem Termin beim Arbeitsamt. Versprichst du mir das?«, bohrt Tommi nach.

Ich brummle irgendwas vor mich hin. Keine Ahnung, ob ich nächste Woche die Kraft dazu habe.

»Soll ich mitkommen?«

»Nein«, knurre ich und fühle mich im selben Augenblick noch schlechter. Er will mir nur helfen, und ich behandle ihn so. Tommi macht sich wirklich Sorgen um mich.

Er schweigt lange. Schließlich erhebt er die Stimme wieder. »Ich habe da eine Freundin. Sie heißt Claudia. Ich finde, du solltest sie mal treffen.«

Ich hebe meinen Kopf einen Millimeter vom Kissen. »Ich will niemanden sehen. Triff dich doch selbst mit ihr.«

Er zögert. »Nun, sie ist nicht nur eine Freundin. Sie ist Psychotherapeutin.«

Das Wort trifft mich mit der vollen Breitseite. Würde ich nicht im Bett liegen, würde es mich vermutlich von den Füßen reißen. Was hat er da gesagt? Ganz langsam drehe ich mich auf der Matratze um, richte mich etwas aus.

»Du denkst, ich bin bekloppt?«

»Nein«, erwidert er leise. »Ich glaube, du brauchst jemanden zum Reden.«

»Ich brauche niemanden! Ich komme allein sehr gut klar.«

Tommi seufzt. »Das stimmt nicht, und das weißt du.« Seine Stimme wird leiser. »Ich habe dich so noch nie erlebt.«

Ich setze mich hin. »Wie? So?«

»Na, *so*«, antwortet er, als wenn das alles erklären würde. »So schwach, so traurig. So depressiv.«

»Depressiv? Ich glaub, ich spinne!« Hastig springe ich aus dem Bett, kurz wird mir schwindelig, aber ich fange mich schnell wieder. Dass ich seit Tagen nichts Vernünftiges gegessen habe, rächt sich in dieser Sekunde. Dass ich nicht geduscht habe, auch. Ich fühle mich ekelhaft und erbärmlich. »Ich bin doch nicht depressiv! Was fällt dir eigentlich ein?«, schnauze ich meinen Exfreund an und stapfe auf wackligen Beinen aus dem Schlafzimmer. In der Küche gieße ich mir ein Glas Leitungswasser ein und trinke in gierigen Schlucken. Ich merke erst jetzt, wie durstig ich bin. Richtig ausgedörrt fühle ich mich.

Tommi ist mir hinterhergekommen. Er legt eine Visitenkarte auf die Küchenarbeitsfläche, auf der ich so gut wie noch kein einziges Gericht gekocht habe, seitdem ich hier eingezogen bin. Weil ich entweder gearbeitet habe oder mich nicht dazu aufraffen konnte.

»Ich dachte mir schon, dass du so reagierst. Überleg es dir ganz in Ruhe, Isa.« Er sieht mich lange an. »Es ist okay, nicht immer alles unter Kontrolle zu haben.«

Ich wende mich von ihm ab, damit er nicht sieht, dass ich jeden Moment in Tränen ausbreche. Mit stumpfem Blick starre ich aus dem Fenster in den grauen Februartag. Die kahlen Äste der Bäume, die vor dem Kasernengebäude stehen, erinnern mich an mich selbst. Sie sehen schutzlos aus, verletzlich, kahl und wund.

Tommi gibt den Katzen etwas zu fressen, dann geht er, ohne sich von mir zu verabschieden. Obwohl ich immer noch wütend auf ihn bin, kann ich ihn verstehen. Nicht nur verstehen, ich teile seine Ansicht sogar: Mit mir stimmt was nicht. Es ist nicht normal, so heftig auf eine Kündigung zu reagieren. Jeden Tag werden Menschen gekündigt, verlieren ihren Job, erhalten eine niederschmetternde Diagnose oder müssen den Verlust eines geliebten Menschen beklagen. Bleiben die alle danach tagelang im Bett liegen? Ich glaube nicht. Was also stimmt nicht mit mir? Ich kenne mich so nicht. Ich bin doch Isa-macht-das-schon. Ich habe mich bisher aus jeder Lebenssituation wieder herausgeboxt, und wenn sie noch so frustrierend, traurig oder verletzend war. Warum reagiere ich dieses Mal so ...?

Das Wort »depressiv« drängt sich in meine Gedanken, aber ich schiebe es beiseite. Ich habe keine Depression. Ich bin überhaupt nicht der Typ dafür. Ich habe eigentlich immer gute Laune. Gut, vielleicht nehme ich das Leben manchmal ein bisschen zu ernst – aber das heißt noch lange nicht, dass ich nicht aus eigener Kraft wieder ins richtige Fahrwasser zurückkomme.

Mit spitzen Fingern, als ob sie giftig wäre, greife ich nach der Visitenkarte und lese den Namen darauf. Niemals. Nicht in hundert Jahren gehe ich dahin. Mit mir ist alles in Ordnung. Ich habe nur eine schlechte Woche. Depression. Dass ich nicht lache.

Dann befördere ich den schmalen Karton in den Mülleimer zu den leeren Dosen Katzenfutter.

6

Ich habe mich vermummt, als ob ich eine Bank ausrauben wollte. Der Schal verdeckt mein halbes Gesicht, die Mütze habe ich mir tief in die Stirn gezogen. Hoffentlich erkennt mich niemand.

»Frau Isabell Horn?«

Eine Mittfünfzigerin erscheint im Wartebereich des Arbeitsamts und schaut sich suchend um. Einige Blicke richten sich auf mich. Hey, vielleicht laden wir gleich noch ein Fernsehteam von RTL ein, das mich auf meinem Weg der Schande begleiten will?

Immerhin habe ich mich aufraffen können hierherzukommen. Keine Selbstverständlichkeit dieser Tage, das ist mir schmerzlich bewusst. Aber ich habe sogar geduscht, mir die Haare geföhnt und seit mehr als einer Woche etwas anderes als Schlafanzug und ausgeleierten Kapuzenpulli an. Das ist doch ein Fortschritt.

Ich folge der Frau in ihr Büro, sie bietet mir einen Sitzplatz an. Eine Weile sichtet sie schweigend meine Akte. Ihr Gesichtsausdruck wird dabei immer düsterer. Schließlich, nach unendlich langen Minuten, sieht sie mich an. »Musicaldarstellerin also.«

»Zuletzt habe ich als Schauspielerin gearbeitet«, sage ich etwas zu schnell. »In einer Serie. ›Gute Zeiten, schlechte Zeiten‹.«

»Ich habe keinen Fernseher«, erwidert sie knapp und wendet sich dem Computer zu.

Immerhin etwas. Doch meine Erleichterung währt nicht lange.

»Ich muss Ihnen ehrlich sagen, dass wir hier vermutlich nicht viel für Sie tun können. Wir bekommen nicht häufig Arbeitsangebote für Schauspieler rein«, erklärt sie, und ich komme mir noch schäbiger vor als im Wartebereich. Als sei mein Beruf etwas Unanständiges. Als hätte ich Pornodarstellerin auf dem Bogen angegeben. Oder Stripperin. Wenigstens habe ich das nicht bei »bisherige Erfahrungen« notiert ...

»Sie müssen sich keine Sorgen machen«, sage ich so ruhig, wie es mir möglich ist. »Ich werde eine Arbeit finden.«

Sie schnalzt mit der Zunge. »Hm.« Ihre Skepsis ist beinahe greifbar. »Und ich nehme an, solange brauchen Sie Arbeitslosengeld.«

Ich schlucke meine Beklemmung herunter. Zwar habe ich in der Serie nicht schlecht verdient, aber besonders viele Rücklagen konnte ich auch nicht bilden. Außerdem habe ich jahrelang in die Arbeitslosenversicherung einbezahlt. Also ist es doch nur okay, wenn ich jetzt ein wenig Hilfe bekomme, oder? Zumindest zum Übergang.

»Ich habe nicht vor, dem Staat auf der Tasche zu liegen«, erwidere ich schnippisch. Im selben Moment wird mir klar, dass ich mir meine Überheblichkeit gerade nicht leisten kann. Ich senke den Kopf und murmele in meinen Schal: »Aber ja, ich bräuchte ein wenig Unterstützung für den Anfang.«

Sie schweigt, klickt mit der Maus auf einem für mich unsichtbaren digitalen Formular herum, schließlich beginnt der

Drucker zu rattern. Die Frau, die sich mir immer noch nicht namentlich vorgestellt hat, schiebt einen Stapel Papiere über den Schreibtisch.

»Das füllen Sie aus und werfen es in den nächsten Tagen in den Briefkasten. Der Bezug beginnt, sobald wir Ihren Antrag geprüft haben. Rechnen Sie damit, dass wir Ihnen Vermittlungsvorschläge machen. Sie sind dazu verpflichtet, sich auf diese Stellen zu bewerben, mehr erfahren Sie im Beiblatt. Wenn Sie in den Urlaub fahren wollen, müssen Sie Urlaubstage beim Arbeitsamt einreichen. Für das kommende Jahr stehen Ihnen 21 Urlaubstage zu.«

Mir fällt beinahe die Kinnlade auf den Schreibtisch. Urlaub beantragen? Beim Arbeitsamt? Und ich muss mich auf Stellen bewerben, die mir das Amt zuschickt? Was denken die von mir? Dass ich mich jetzt mit der Kohle vom Staat in die Karibik absetze und den ganzen Tag Cocktails schlürfe, oder was? Wieso behandelt mich diese Frau eigentlich wie eine Schwerverbrecherin? Weil ich meinen Job verloren habe? Oder weil ich Schauspielerin bin?

»Keine Sorge, ich werde mich schon um eine neue Anstellung bemühen«, sage ich durch meine zusammengebissenen Zähne. Ich weiß nicht viel über das Arbeitsamt, aber ich kann mir denken, dass es nicht gut ankommt, wenn ich es mir mit meiner Arbeitsvermittlerin gleich beim ersten Treffen verscherze.

»Schaun wir mal«, entgegnet sie knapp und schenkt mir ein verkniffenes Lächeln. »Das wär's. Schönen Tag noch.«

Als ich wieder zu Hause ankomme und den Papierstapel auf dem Esstisch ausbreite, ist mein Widerstand, den ich zwischenzeitlich kurz verspürt habe, gebrochen. Mir kommt es beinahe so vor, als ob mir die Wohnung, die doch eigentlich mein Rückzugsort und Nest ist, mein sicherer Hafen, in dem ich mich vor der hässlichen Welt da draußen schützen kann, die Lebensenergie aussaugt.

Aber natürlich ist es nicht die Wohnung. Hier drinnen kann ich vielmehr genauso sein, wie ich mich fühle. Ich muss nicht mit freundlichem Gesichtsausdruck in der Bahn sitzen oder unbeteiligt irgendwelche Dosen und Packungen in den Einkaufswagen legen, muss nicht so tun, als ob es mir gut ginge, als ob alles normal wäre. Hier drinnen darf ich alle Schutzpanzer fallen lassen.

Ich schlüpfe in meinen Schlafanzug, der so etwas wie meine neue zweite Haut geworden ist, mache mir einen Kaffee und setze mich aufs Sofa. Die Dämmerung hat bereits eingesetzt, aber ich mache kein Licht an. Stattdessen hocke ich da und schaue dabei zu, wie die Schatten in meiner Wohnung immer länger werden und die Konturen mit der Dunkelheit verschmelzen.

Das Display meines Handys leuchtet auf. Es ist meine Mutter. Sie schreibt: *Wie war es beim Arbeitsamt?*

Ich bringe nicht die Kraft auf, ihr zu antworten. Am liebsten würde ich niemandem von diesem unangenehmen, peinlichen Besuch erzählen. Allein dass meine Gedanken immer wieder zu der Arbeitsvermittlerin und ihrem missbilligenden Gesichtsausdruck wandern, schmerzt mich. Es ist wie eine langsam verheilende Verletzung: Ich weiß, dass ich sie in Ruhe heilen lassen soll, doch meine Finger wandern andauernd an die juckende Stelle und knibbeln am Wundschorf herum. Das wird Narben geben, hat meine Mutter früher immer gesagt.

Narben. Ich denke über meine Narben nach. Die Verletzungen der letzten Zeit, die allesamt noch nicht verheilt sind. Die mich wund und offen und hilflos wirken lassen. Können diese Wunden wirklich von allein verheilen? Die Zeit heilt alle Wunden, heißt es. Aber auch die tiefen? Einschneidenden? Die, die bis ins Mark gehen? Heilen die wirklich von allein? Und habe ich die Kraft, so lange zu warten? Und die Disziplin, nicht ständig an den Wundrändern herumzupulen?

Tief in mir weiß ich, dass ich mich glücklich schätzen kann. Ich hatte über viele Jahre einen festen Job, durfte großartige Menschen kennenlernen, viele Fans schreiben mir, dass sie mich vermissen. Aber ich sehe das alles nicht. Es gibt mir keinen Trost. Ich spüre erst, dass ich angefangen habe zu weinen, als eine Träne über meine Wange läuft und mir vom Kinn auf den ungewaschenen Schlafanzug tropft.

Ich müsste mich aufraffen. Bei meiner Agentur vorsprechen, Stellenanzeigen lesen, zu Veranstaltungen gehen. Neue Fotos für meine Mappe machen lassen, Showreels produzieren. Mich ins Gespräch bringen.

Aber heute habe ich es gerade einmal geschafft, um die Mittagszeit aufzustehen, mich fertigzumachen und den Termin beim Arbeitsamt wahrzunehmen.

Ich bin sowas von im Arsch.

7

Es hat mich einige Überwindung gekostet, die Visitenkarte von Tommis Freundin wieder aus dem Mülleimer zu klauben. Noch schwieriger war es, ihre Nummer zu wählen und ihr auf den Anrufbeantworter zu sprechen. Und es ist nur meinem Pflichtgefühl zu verdanken, dass ich den Termin nicht in letzter Minute abgesagt und mir wieder die Decke über den Kopf gezogen habe.

Nun sitze ich in der psychotherapeutischen Praxis von Claudia und weiß nicht, was mich mehr wundern soll. Dass ich mich tatsächlich aufgerafft habe und hierhergekommen bin, oder dass der Raum überhaupt nicht so aussieht, wie ich ihn mir ausgemalt habe. In meiner Vorstellung lag ich auf einer Couch in einem nüchternen, kahlen Zimmer, beobachtet von einer älteren Frau mit kleiner Brille auf der Nase. Aber hier ist es anders. Eigentlich sieht es aus wie ein gemütliches Wohnzimmer. Der Raum ist in warmen, freundlichen Farben gehalten, das indirekte Licht ist sanft und wärmend. In der Ecke liegt Claudias Hund. Er hat den Kopf gehoben und zweimal mit dem Schwanz auf den Holzboden geschlagen, als ich eingetreten bin, dann hat er sich wieder entspannt und weitergedöst. Komischerweise hat mich das beruhigt. Der Hund kennt das Prozedere, für ihn ist es ganz normal, dass Menschen zu seinem Frauchen kommen und mit ihr reden. Vielleicht ist es das ja auch: normal. Zumindest wenn es einem so geht wie mir gerade.

»Hallo Isabell, schön, dass da bist«, begrüßt mich Claudia und gießt uns beiden Wasser ein. Sie nimmt im Sessel mir gegenüber Platz und lächelt mich freundlich an. »Tommi hat schon gesagt, dass du dich vermutlich melden wirst.«

Plötzlich ist es mir unangenehm, dass mein Exfreund und Claudia bereits über mich gesprochen haben. Was hat er ihr erzählt? Dass er seine bekloppte Verflossene vorbeischickt, die ihr Leben nach einer Lappalie nicht mehr auf die Kette kriegt?

Claudia schaut mich abwartend an. Ich habe das Gefühl, etwas sagen zu müssen. In meinem Kopf rasen die Gedanken. Womit soll ich anfangen? Es ist mir peinlich, dass ich überhaupt hier bin, hier sein muss, weil es mir so schlecht geht. Müsste ich nicht in der Lage sein, mich selbst aus dem Loch wieder auszugraben? Und was soll ich Claudia eigentlich erzählen? Ich wurde gefeuert – na und? Für einen kurzen Moment erwäge ich, einfach wieder aufzustehen und zu gehen. Aber jetzt bin ich schon mal da. Außerdem finde ich den Gedanken, kommentarlos aus der Praxis zu stürzen, noch unangenehmer als alles andere.

»Ich fange mal an«, bricht Claudia schließlich das Schweigen. »Ich heiße Claudia und bin Psychotherapeutin. Ich helfe Menschen, die sich akut oder chronisch in einer schwierigen Phase befinden. Manchmal sind diese Phasen kurz, manchmal dauern sie länger. Wie ist es bei dir?«

»Ich ... ich heiße Isabell. Ich bin Schauspielerin. Vor zwei Wochen habe ich meinen Job verloren. Und seitdem ...« Ich zögere.

Es auszusprechen kostet eine ungeheure Kraft. »Seitdem geht es mir nicht mehr so gut.«

Claudia lächelt. »Das kann ich verstehen. Was geht in dir vor?«

»Ich weiß nicht.« Mein Blick wandert zum Hund, der leise angefangen hat zu schnarchen. Ich beneide ihn um sein sorgloses, gutes Leben. Er hat jemanden, der ihn beschützt und versorgt. »Ich glaube, ich habe Angst.«

»Kannst du die Angst benennen?«, hakt Claudia nach. Sie hat noch kein einziges Wort auf ihrem Block notiert, was ich ihr zugutehalte. So fühle ich mich nicht wie eine Patientin, ein hoffnungsloser Fall, sondern habe eher den Eindruck, ich würde mich mit einer Freundin unterhalten.

»Ich habe Angst, dass ich nie wieder eine Rolle bekomme.«

»Okay.« Claudia nickt, dann greift sie nach ihrem Glas und trinkt. »Gibt es noch weitere Ängste?«

Ich muss nicht lange überlegen und erzähle ihr von dem Gefühl, vor dem Nichts zu stehen. Auch meine Hoffnungslosigkeit teile ich mit ihr, und die Befürchtung, dass ich nie wieder auf einen grünen Zweig komme. Dass meine Karriere endet, bevor sie überhaupt angefangen hat. Dass ich wieder als Sandwich auf dem Alex Flyer verteilen muss. Dass ich nicht mehr zurück in die Spur komme.

»Sind diese Ängste berechtigt?«, will sie schließlich von mir wissen.

Ich blinzele sie irritiert an. »Wie meinst du das?«

»Nun, ich weiß von Tommi, dass du eine neue Wohnung hast. Vermutlich hast du auch noch etwas Geld auf dem Konto, und du bist nicht arbeitsunfähig, beispielsweise durch einen Unfall oder eine Krankheit.«

Langsam schüttele ich den Kopf. »Nein. Das nicht.«

»Spricht denn etwas dagegen, dass du wieder eine Rolle bekommst?«

Ich überlege einen Augenblick. Ihre Frage kommt mir, so einfach sie klingt, wie ein Rätsel vor, das ich nicht lösen kann. Denn natürlich liegt die Antwort auf der Hand: Nein, es spricht nichts dagegen, dass ich wieder eine Rolle bekomme. Warum aber fühlt es sich dann so anders an?

Claudia stellt mir weitere Fragen. Keine einzige davon klingt anklagend oder vorwurfsvoll. Eher neugierig und interessiert. Es sind Fragen, auf die ich oft keine Antwort habe, die mich aber ins Nachdenken bringen. Ich bemerke, dass ich viele Dinge in meinem Kopf als Wahrheit definiert habe. Tatsächlich gibt es für meine Überzeugungen aber meist gar keine Grundlage. Sie entspringen einzig und allein meinen Ängsten. Dass ich versagt habe, zum Beispiel. Das war bislang in meinem Kopf eine unumstößliche Tatsache, unverrückbar, nicht zu verhandeln. Durch Claudias Nachfragen, wie ich zu der Überzeugung komme, eine Versagerin zu sein, beginne ich langsam, an meinen Ansichten über mich zu zweifeln.

»Findest du, dass alle Menschen, die ihren Job verlieren, Versager sind?«

»Nein«, antworte ich schnell. »Oft können sie ja gar nichts dafür.«

»Kannst du etwas dafür, dass man deine Rolle gestrichen hat?«

Ich zucke mit der Schulter. »Ich weiß es nicht.«

»Hast du dir etwas zuschulden kommen lassen? Oder deine Arbeit nicht gut gemacht?«

Diesmal schüttle ich den Kopf. Ich denke an meinen Arbeitseifer und meine Gewissenhaftigkeit. Wenn ich mir einer Sache sicher bin, dann dass ich in den letzten fünf Jahren alles für die Serie und die Rolle gegeben habe. »Nein. Ich habe alles in meiner Macht Stehende getan, um die Produktion und die Zuschauer zufriedenzustellen.«

»Dann wüsste ich nicht, warum du etwas für deine Entlassung kannst«, stellt sie fest.

Ich lege den Kopf schief. Denke über ihre Worte nach. Vielleicht, möglicherweise, ganz eventuell könnte sie recht haben.

Nach einer guten Stunde schaut Claudia auf die Uhr. »Ich würde für heute gern Schluss machen. Du hast großartig mitgearbeitet, vielen Dank dafür.«

Ich weiß nicht, warum, aber ich habe den Eindruck, dass ich mich ein winziges Stück besser fühle. Es ist nur ein Hauch, ein kleines Fitzelchen, aber dieses kleine Bisschen ist mehr als ich heute Morgen hatte, und darum ist es gut.

»Ich fände es schön, wenn wir uns in den kommenden Tagen häufiger sehen könnten«, sagt Claudia und schlägt ihren Kalender auf. »Wollen wir sagen, morgen um dieselbe Zeit?«

Ich bin ein bisschen überrascht, da ich irgendwie davon ausgegangen bin, man würde nur einmal im Monat oder so zur Therapie gehen. Doch Claudia erklärt mir: »Ich glaube nicht, dass dir mit einer langfristigen Therapie geholfen ist. Vielmehr bin ich davon überzeugt, dass ich dir in den kommenden Tagen und Wochen in der Akutsprechstunde wieder auf die Beine helfen kann.«

»Bin ich ...« Ich scheue mich noch immer, den Gedanken laut auszusprechen. »Bin ich krank? Oder bekloppt?«

Claudia lacht. »Weder das eine noch das andere. Du bist in einer Krise, liebe Isabell. Das haben wir alle von Zeit zu Zeit. Manchmal stecken wir es gut weg, manchmal stecken wir es nicht so gut weg. Ich bin davon überzeugt, dass du ganz schnell wieder in deine Kraft kommen kannst. Du brauchst nur ein bisschen Starthilfe.«

Starthilfe? Das klingt gut. Das klingt ... harmlos. Nicht nach Einweisung, Zwangsjacke und Irrenanstalt. Dass ich kein Fall für die Geschlossene bin, sorgt dafür, dass ich mich gleich noch ein bisschen besser fühle.

»Okay. Dann bis morgen.«

8

Die Tür der Praxis fällt hinter mir zu, und ich trete auf die Straße. Für einen kurzen Moment bleibe ich stehen und halte das Gesicht in die Sonne. Mittlerweile ist es Ende März geworden, und der Frühling naht. Ich nehme den Duft der wiedererwachenden Natur wahr: frisch gemähtes Gras, die Blüten an den Bäumen im Park, darüber liegt ein feiner Hauch, den ich nicht benennen kann.

Der Geruch des neuen Lebens.

Ich laufe los, schlendere die Straße entlang, biege in den Park ein. Ein Hund tollt ausgelassen über eine grüne Wiese einem gelben Frisbee hinterher, ein Kleinkind in einem Kinderwagen in der Nähe lacht darüber. In den begrünten Ästen zwitschern Vögel, die nach dem langen Winter wieder nach Europa zurückgekehrt sind. Die kleinen Kiesel des Weges knirschen unter meinen Schuhsohlen, und plötzlich merke ich, dass ich zu warm angezogen bin.

Als ich an dem kleinen Café im Park vorbeilaufe, entscheide ich aus einem spontanen Impuls heraus, mir dort ein Stück Kuchen und eine Tasse Cappuccino zu gönnen. Es ist so angenehm an der frischen Luft, dass ich mit einer Fleecedecke auf den

Oberschenkeln im Freien sitzen kann. Dankbar schließe ich die Augen und atme tief ein und aus. Die Sonne streichelt über meine Haut, kitzelt mich in der Nase, ich muss lächeln. Endlich bin ich wieder in der Lage, all diese kleinen Empfindungen wahrzunehmen. Ich habe das Gefühl, als wäre ich aus einer langen Zeit in tiefem, undurchsichtigen Wasser wieder an die Oberfläche gekommen.

Der Kuchen ist eine Offenbarung für mich. Nicht, weil ich noch nie Apfelstreuselkuchen gegessen hätte – aber noch nie hat er mir so gut geschmeckt. Beinahe kommt es mir vor, als ob mein Gehirn einen kompletten Reboot gemacht hätte: Die Farben der Welt erscheinen leuchtender und kräftiger, die Gerüche und Geschmäcker intensiver, die Geräusche klarer. Vielleicht hatte ich wirklich den Kopf unter Wasser.

Seit drei Wochen gehe ich zu Claudia, am Anfang beinahe täglich, mittlerweile seltener. Die Gespräche tun mir gut. Sie verändern etwas in mir. Durch Claudia habe ich vieles verstanden, was in meinem Kopf vor sich geht. Mittlerweile habe ich den Eindruck, als hätte ich gedanklich eine Menge falscher Abbiegungen genommen.

Beispielsweise bin ich immer davon ausgegangen, dass meine Leistungen und mein Selbstwert miteinander verknüpft sind. Wenn ich funktioniere und das tue, was andere von mir erwarten, werde ich auch gemocht und bin diese Zuneigung wert. Das ist ein fataler Fehlschluss. Aus heutiger Sicht wundert es mich kein bisschen, dass mich die Kündigung in diese bislang schwerste Krise meines Lebens gestürzt hat. Denn die Ablehnung, die ich durch den Rausschmiss erfahren habe, hat meinen Glaubenssätzen, dass ich nur dann etwas wert bin, wenn ich abliefere, Futter ohne Ende gegeben.

Natürlich hatte ich schon vorher von Glaubenssätzen gehört.

Es handelt sich dabei um Grundannahmen, die jeder Mensch hat und bereits in seiner Kindheit verinnerlicht. Zum Beispiel: Wer schön sein will, muss leiden. Aber auch: Ich bin nicht gut genug. Es ist nicht leicht, diese fiesen, kleinen Dinger zu erwischen, denn sie arbeiten im Unterbewusstsein und wirken bei nahezu jeder Handlung und jedem Gedanken, den wir haben. Diese verinnerlichten Überzeugungen haben eine gewaltige Kraft, weil sie sich so richtig anfühlen. Deswegen kommen wir auch gar nicht auf die Idee, sie zu hinterfragen.

Erst durch die Therapie habe ich kapiert, dass sich in meinem Leben bislang alles um Lob und Anerkennung drehte. Vielleicht ist das durch meine Kindheit bedingt, vielleicht kommt es durch die vielen, vielen Stunden, die ich beim Ballett verbracht habe. Die Mädchen, die eleganter in den Spagat rutschten oder das Bein bis ans Ohr heben konnten, wurden von den Lehrerinnen gelobt. Die anderen wurden angespornt, sich mehr anzustrengen. Es liegt auf der Hand, was das in einem kindlichen Gehirn anrichtet: Nur wenn ich besser bin als die anderen, werde ich wertgeschätzt. Letztendlich hat sogar die Pressewand bei »Gute Zeiten, schlechte Zeiten« diese Überzeugung bei mir bestätigt. Kein Wunder, dass ich immer ein ungutes Gefühl hatte, sie nach Berichten über mich abzusuchen.

Ich war in den vergangenen Jahren so sehr darum bemüht, Wertschätzung zu ergattern, dass ich den Blick auf mich selbst verlernt habe. Das zu erkennen, war wirklich schmerzhaft – immerhin bin ich Isa-macht-das-schon. Zumindest dachte ich das.

Die bittere, aber auch tröstliche Erkenntnis der letzten Wochen ist: Ich bin vor allem auch nur ein Mensch. Hört sich nicht unbedingt nach einer Riesensensation an, aber für mich ist es eine Offenbarung. Ich darf Fehler machen. Und auch mal blöd sein. Oder unprofessionell. Ich darf Schwächen zugeben. Ich darf scheitern. Ich darf wieder aufstehen.

»Darf ich Ihnen noch etwas bringen?« Die Kellnerin steht neben mir und schaut auf den leeren Kuchenteller.

»Wissen Sie was? Ich nehme noch ein Stück«, sage ich mit breitem Lächeln im Gesicht.

Ein kleiner Teil von mir erwartet, dass sie einen Kommentar dazu abgibt. In Wahrheit ist es der Bedienung aber vollkommen schnuppe, ob ich ein oder acht Stücke Kuchen esse.

Dabei fällt mir eine Übung ein, die Claudia mit mir letzte Woche gemacht hat. »Stell dir mal vor, du machst eine gedankliche Reise in deine Vergangenheit«, sagte sie zu mir. »Ich möchte, dass du dein Leben betrachtest und dabei ganz bewusst eine rosarote Brille aufsetzt. Erzähl mir nur von deinen Erfolgen und guten Eigenschaften.«

Ich riss die Augen auf. »Das kann ich nicht.«

»Klar kannst du das«, sagte Claudia lachend. »Lob dich mal über den grünen Klee. Aber so richtig.«

Ich war mir unglaublich unsicher. Schließlich habe ich gelernt: Eigenlob stinkt. (Ja, noch so ein Glaubenssatz, der in meinem Unterbewusstsein sein Unwesen treibt!) Eine Weile dachte ich nach, was ich sagen könnte, ohne allzu selbstverliebt oder eingebildet zu wirken. Schließlich brachte ich heraus: »Ich war in der Ballettschule bei mir in der Heimat die Beste.«

»Super!«, lobte mich Claudia. »Und weiter?«

O Mann. Es fiel mir wirklich schwer. Alles in mir sträubte sich dagegen, mich vor einer anderen Person – und vor mir – selbst zu beweihräuchern.

»Hat dir mal jemand ein richtig tolles Kompliment gemacht?«, versuchte Claudia, mir auf die Sprünge zu helfen.

»Bestimmt«, sagte ich, doch mir fiel kein einziges ein. Grundsätzlich kann ich nämlich nicht gut mit Komplimenten umgehen. Meistens rede ich sie klein oder tue sie ab, was, wie ich gelernt habe, für denjenigen, der mir eigentlich etwas Nettes sagen will, eine schallende Ohrfeige ist. Mir selbst tue ich auch nichts Gutes dabei. Immerhin bringe ich mich gerade um ein Lob, nach dem ich mich ja eigentlich verzehre. Ziemlich bescheuert, wenn man es aus dieser Perspektive betrachtet.

Dank Claudia kam ich auf den Trichter, dass ich, wenn mir in der Vergangenheit etwas gelungen war, diesen Erfolg oft auf den Zufall geschoben hatte – nicht auf mein Können. Dabei bin ich doch eigentlich und tief in meinem Inneren stolz auf das, was ich bisher erreicht habe.

Auch wenn mir die Sitzungen nicht immer leichtfallen und ich an vielen Erkenntnissen tagelang zu knabbern habe, spüre ich, dass es mir immer besser geht und ich jeden Tag ein wenig freundlicher mit mir selbst umgehe. Diese Perfektion, nach der ich idiotischerweise strebe, ist eine Illusion, die gibt es gar nicht. Ich urteile viel zu hart über mich, vergleiche meine Figur mit der von Models, mein Können mit dem von Ausnahmetalenten und meinen Charakter mit dem einer Heiligen. Dabei ist mir doch klar, dass mich Tommi, Susan oder meine Familie nicht mögen, weil ich die perfekten Maße habe, Anwärterin auf den Oscar oder ohne Fehler bin. Ich selbst mag ja auch keine Menschen, weil sie irgendeine besondere Fähigkeit haben, sondern weil sie eben so sind, wie sie sind. Zerbeult, vermackt, voller Kratzer und Dellen, aber eben authentisch und liebenswert.

Weil ich in Sachen Selbstwert so viel Nachholbedarf habe, ermuntert mich Claudia dazu, mir Gutes zu tun, so oft es geht, und nachsichtig und liebevoll im Umgang mit mir zu sein. Hört sich nach einem Kinderspiel an, tatsächlich brauche ich aber ewig, um der an mir herumnörgelnden Stimme in meinem Kopf an nur einem Nachmittag für eine Viertelstunde mal den Saft abzudrehen. Gerade eben hat sie sich schon wieder gemeldet und wollte sich über das zweite Stück Kuchen beschweren.

»Du bist jetzt mal still«, murmele ich der blöden Stimme zu. »Ich habe Lust auf ein zweites Stück, deswegen esse ich eines. Ich habe es mir nämlich verdient.«

Als ich aufblicke, fange ich den irritierten Blick einer anderen Cafébesucherin auf. Ich lächle ihr freundlich zu und mache mir bewusst, dass ihre Meinung für mein Leben vollkommen egal ist. Sie darf mich für verfressen oder irre halten. Und wenn schon? Vielleicht bin ich es ja. Oder, und das ist sehr viel wahrscheinlicher: Es ist ihr im Grunde schnurzpiepegal.

Mit vollem Bauch wandere ich eine halbe Stunde später nach Hause. Es lebt sich, das muss ich zugeben, wirklich deutlich leichter, wenn man nicht ständig im Zweifel mit sich ist. Keine Frage, ich stecke noch in den Babyschuhen, wenn es um meinen Selbstwert geht. Das hat auch mit der Kultur zu tun, in der ich aufgewachsen bin und lebe, denn in Deutschland wird man immer noch schräg angeguckt, wenn man sagt, dass man auf etwas stolz ist. Die Amerikaner sind da weiter, die zeigen, was sie erreicht haben, und werden von den anderen dafür gefeiert. Okay, dafür läuft in den USA eine Menge anderer Dinge schief, aber zumindest davon könnten wir uns doch manchmal eine Scheibe abschneiden. Besonders Frauen. Wir werden nämlich ab der Geburt von unserem Umfeld aufgefordert, unser Licht unter den Scheffel zu stellen. Das Problem aber ist: Da unter dem Scheffel sieht man das kleine Licht nicht, vor allem dann nicht, wenn es tiefschwarze Nacht um einen herum wird und man die Hand vor Augen nicht erkennen kann.

Die Erfahrung, in derart dunkle Tiefen meines Selbst abgetaucht zu sein, ist für mich immer noch schockierend und hat mich geprägt wie kaum etwas anderes in den vergangenen Jahren, von der Kündigung vielleicht einmal abgesehen. Im letzten Moment habe ich die Kurve noch gekriegt, das weiß ich heute. Noch ein paar Wochen länger, und Tommi hätte mich vermutlich wirklich einweisen lassen müssen, und sei es auch nur wegen meines Gewichtsverlusts.

Tommi. Was bin ich dankbar, dass es diesen Menschen in meinem Leben gibt. Auch wenn wir nicht mehr zusammen sind, hat er mir einen gewaltigen Dienst erwiesen, weil er hartnäckig und stur geblieben ist und mich immer wieder gefragt hat, ob ich endlich bei Claudia angerufen habe. Auch heute noch kehrt die Traurigkeit manchmal zurück, dass wir kein Paar mehr sind. Genau wie die Angst, kein Engagement mehr zu bekommen. Ich habe aber gelernt, nach vorn zu blicken, dankbar für alles zu sein, was ich bisher erlebt und bekommen habe, und keinem Menschen und keiner Sache hinterherzutrauern.

Passenderweise bleibe ich in dieser Sekunde an einem Postkartenständer stehen, der in der Frühlingssonne vor einem kleinen Schreibwarengeschäft steht. Ich entdecke eine Karte, blaue Schrift auf weißem Grund, und muss lächeln. *Wer loslässt, hat die Hände frei!*, steht da in geschwungenen Lettern. Es stimmt. Wie lange wäre ich wohl noch bei »Gute Zeiten, schlechte Zeiten« geblieben, wenn man mir nicht gekündigt hätte und ich in die Krise gerasselt wäre? Jahre? Jahrzehnte? Und dann? Was wäre danach gekommen? Möglicherweise, denke ich in diesem Augenblick, habe ich ja sogar Glück gehabt, weil meine Rolle gestrichen wurde. So ist Platz für etwas Neues – oder Altes. Zum Beispiel das Theater. Das Musical. Die Bühne habe ich doch immer geliebt. Und es wäre beileibe kein Rückschritt, wieder für ein paar Spielzeiten auf den Brettern zu stehen, die die Welt bedeuten.

Mein Handy klingelt, ich suche in der Tasche danach. Es ist mein Agent.

»Isi! Wie geht's? Wir haben uns eine Weile nicht gehört.«

Stimmt, denke ich, weil ich all deine Anrufe ignoriert habe, um dir nicht erklären zu müssen, was mit mir los ist.

»Du, tolle Neuigkeiten«, trällert er. »Ein Theater in Düsseldorf will in der neuen Spielzeit eine Komödie inszenieren und hat dich angefragt. Wie schaut's aus, hast du Lust?«

Und ob ich Lust habe. Große Lust. Auf das Leben und alles, was es mit sich bringt.

WAS SIND DEPRESSIONEN?

Unter einer Depression versteht man im medizinischen Sinne eine psychische, behandlungsbedürftige Erkrankung. Wie jede andere Krankheit auch ist die Depression durch bestimmte Symptome gekennzeichnet (Hauptsymptome mit *), u. a.:

- gedrückte Stimmung bis hin zum Gefühl der inneren Leere*
- negative Gedanken und Freudlosigkeit*
- Antriebshemmung und Müdigkeit*
- Schwarzweiß-Denken
- Schlafstörungen
- Angstzustände
- suizidale Gedanken
- verminderte Konzentrationsfähigkeit
- mangelndes Selbstwertgefühl/-vertrauen
- Schuldgefühle
- Hoffnungslosigkeit
- Grübelzwang
- körperliche Beschwerden, für die nach genauer Untersuchung keine Ursachen gefunden werden können

Eine Depression befällt die Psyche, also das Fühlen, Denken und Handeln von Betroffenen, geht aber auch mit Störungen der Körperfunktionen einher und weit über eine Phase der Niedergeschlagenheit hinaus, wie sie fast jeder Mensch im Laufe seines Lebens erlebt.

Es wird zwischen drei Schweregraden der Depression unterschieden, die von leicht bis schwer reichen. Auch ist nicht jede depressive Phase, beispielsweise ausgelöst durch einen konkreten Anlass wie den Arbeitsplatzverlust, das Ende einer Beziehung oder Ähnliches, mit einer chronisch verlaufenden Depression zu vergleichen – aus einer depressiven Phase kann bei Nicht-Behandlung jedoch eine ernstzunehmende Erkrankung werden.

Die durch einen äußeren Auslöser verursachten depressiven Episoden nennt man auch »reaktive« oder »exogene« Depression. Auslöser können Erlebnisse sein, die mehrheitlich als negativ wahrgenommen werden, beispielsweise der Tod eines geliebten Menschen, Liebeskummer oder ein Unfall, doch auch vermeintlich positive Ereignisse haben das Potenzial, eine reaktive Depression auszulösen. So erkranken einige frischgebackene Ehefrauen beispielsweise an der sogenannten »Post-Bridal-Depression«, da sie nach dem gefühlt wichtigsten Tag in ihrem Leben in ein Loch fallen und ihre Lebensaufgabe verloren meinen. Auch Geburten, Karrieresprünge oder Lottogewinne tragen das Risiko in sich, depressive Phasen auszulösen, weshalb man die Erkrankung auch Anpassungsstörung nennt.

Im Gegensatz dazu spielen bei der endogenen Depression äußere Faktoren kaum eine Rolle. Die Betroffenen leiden vielmehr unter dem Mangel bestimmter Botenstoffe im Hirn, darunter das sogenannte Glückshormon Serotonin sowie die Neurotransmitter Dopamin und Noradrenalin. Die beeinträchtigten Stoffwechselvorgänge im Gehirn und biochemischen Veränderungen im Körper führen zu denselben Symptomen wie bei exogenen Depressionen, sind jedoch wie gesagt nicht Auslöser der Erkrankung. In vielen Fällen geht eine Depression, egal ob endogen oder exogen, zudem mit Angststörungen einher.

Während endogene Depressionen medikamentös gut behandelt werden können, werden exogene, also reaktive Depressionen häufig mithilfe von Psychotherapie und lediglich temporärer medikamentöser Unterstützung geheilt. Denn erst wenn die Auslöser der depressiven Episode sowie die Ursachen in der Psyche von Betroffenen erkannt und behandelt werden, kann eine Besserung eintreten. Ziel ist, die ungünstigen Denk- und Verhaltensmuster der Erkrankten zu durchbrechen und alternative Handlungsstrategien aufzuzeigen.

KOGNITIVE VERZERRUNGEN LOSWERDEN

Unsere Gefühle werden durch unsere Gedanken bestimmt. Gedanken, die uns depressiv, ängstlich oder verrückt machen oder uns an uns selbst zweifeln lassen, nennt man »kognitive Fehlwahrnehmungen«. Es handelt sich dabei um irrationale Behauptungen, die wir uns selbst erzählen, die uns depressiv und ängstlich stimmen und die uns gefangen halten. Wir müssen diese Fehlwahrnehmungen zuerst erkennen, sie auf ihren Wahrheitsgehalt überprüfen und durch lebenstaugliche, rationale Gedanken ersetzen, wenn wir vorwärtskommen und das Maß an Depression und Angst verringern wollen.

Wir glauben kognitiven Fehlwahrnehmungen, weil sie sich wahr *anfühlen*. Und es stimmt: Es handelt sich in der Tat um aufrichtige, ehrliche, wahre *Gefühle*. Aber Gefühle sind eben nicht rational, und wenn wir ihnen erlauben, stärker als unser gesunder Menschenverstand zu werden, und sie unsere Fähigkeit beeinträchtigen, klar zu denken, verbringen wir unser Leben im Drama, mit schnell entschwindenden Momenten des Glücks. Es gilt also, jede Aussage, die wir als kognitive Fehlwahrnehmung erkennen, gegen eine rationale, objektiv wahrhaftige Aussage (Substitution) auszutauschen.

Schwarz-Weiß-Denken

Beim Schwarz-Weiß-Denken gibt es nur zwei mögliche Wahrnehmungen: Alles ist gut, oder alles ist schlecht. Grautöne existieren nicht mehr.

Beispiele
»Ich bin gut, und die Dinge, für die ich kämpfe, sind richtig und ehrenhaft.« Oder aber: »Ich bin total schlecht und ein grässlicher Mensch, der es verdient hat, ewig in der Hölle zu schmoren.«

Mögliche Substitution
»Ich weiß nicht, ob die Dinge, an die ich glaube, für jeden Menschen gut und richtig sind. Wenn manchmal ein anderer Mensch richtiger liegt als ich, dann bedeutet das nicht, dass einer von uns ein schlechter Mensch ist.«

Übung
Schreibe vier Beispiele eigenen Schwarz-Weiß-Denkens auf, die du häufiger benutzt, überprüfe sie auf ihren objektiven Wahrheitsgehalt und daraufhin, wie brauchbar und hilfreich sie für dein Leben sind, und überlege mögliche Substitutionen!

Übertreibung/Generalisierung

Wenn wir generalisieren oder übertreiben, schließen wir von einem singulären Ereignis auf die Summe aller Ereignisse und bilden uns so eine (oft schlechte) Meinung.

Beispiele
»Wahrscheinlich bin ich der totale Versager!«
»Ich komme immer zu spät.«
»Du hörst mir nie zu!«

Mögliche Substitutionen
»Nur weil ich Fehler mache oder etwas nicht schaffe, heißt das nicht, dass ich ein Versager bin!«
»Ich komme oft zu spät, aber nicht IMMER.«
»Du hörst mir oft nicht zu.«

Übung
Schreibe vier Beispiele eigenen Übertreibens und Generalisierens auf und überlege dir entsprechende Substitutionen. Es geht nicht darum, dir etwas schönzureden, sondern wahrhaftigere Aussagen zu treffen, mit denen du dich und andere nicht verurteilst und in Hoffnungslosigkeit und Depression bringst.

Mentales Filtern

Beim mentalen Filtern ignorieren wir den Teil der Wahrnehmung, der mit unserem Gefühl und unseren Annahmen nicht übereinstimmt.

Beispiele
»Niemand ist jemals nett zu mir.«
»Ich kann niemals irgendetwas richtig machen.«

Mögliche Substitutionen
»Das stimmt einfach nicht. Martha hat mir auf dem Gang zugelächelt, und John hat mich gefragt, wie es mir geht.«
»Heute bin ich pünktlich zur Arbeit erschienen, na, wenn das nichts ist! Ich habe Max rechtzeitig zurückgerufen.«

Übung
Schreibe vier Beispiele für mentale Filter auf, die du oft benutzt, und überlege dir alternative Erwiderungen.

Katastrophisieren

Wir nehmen Dinge nicht nur an – wir nehmen grundsätzlich das Schlimmste an. In diesem Fall katastrophisieren wir, stellen die Katastrophe also in den Mittelpunkt unseres Denkens.

Beispiele
»Meine Brust schmerzt. Es ist ein Herzinfarkt. Ich werde sterben!«
»Ich habe immer Pech in der Liebe. Ich werde nie jemanden finden.«

Mögliche Substitutionen
»Die Schmerzen in meiner Brust können viele verschiedene Ursachen haben. Ich werde mich untersuchen lassen, bevor ich vom Schlimmsten ausgehe.«
»Man muss eine Menge Frösche küssen, bevor man einen Prinz findet.«

Übung
Wann katastrophisierst du? Welche Dinge sagst du dir in so einem Moment selbst? Bist du bereit, aus dem Drama auszusteigen? Wenn du aufwachen möchtest, schreibe vier Beispiele eigenen häufigen Katastrophisierens auf.

Personalisierung

Was auch immer geschieht, es geht dabei um dich. Beim Personalisieren setzen wir uns in den Mittelpunkt des Universums und beziehen alles, was geschieht, auf uns selbst. Personalisierung ist selbstbezogen, narzisstisch und grandios, fühlt sich aber wahr an. Sie ist jedoch unlogisch, denn bei den meisten Dingen im Leben geht es nicht um dich.

Beispiele

»Sie sieht wütend aus. Es muss mit etwas zu tun haben, das ich getan habe.«

»Dem Patienten geht es zunehmend schlechter. Ich muss irgendetwas falsch gemacht haben.«

Mögliche Substitutionen

»Sie sieht verärgert aus. Vielleicht ist sie heute mit dem falschen Bein aufgestanden.«

»Ich informiere mich mal etwas genauer, bevor ich davon ausgehe, dass es etwas mit mir zu tun hat.«

Übung

Schreibe vier Beispiele dafür auf, wann du Dinge häufig persönlich nimmst.

Beschuldigen

Verantwortung übernehmen ist nicht immer leicht – viel einfacher fällt es uns, die Schuld jemand anderem in die Schuhe zu schieben.

Beispiele

»Hör auf, dafür zu sorgen, dass ich mich so schlecht fühle!«

»Ich wäre glücklich, wenn du nicht ...«

Mögliche Substitutionen

»Du hast nicht die Macht, dafür zu sorgen, dass ich mich schlecht fühle, es sei denn, ich gebe dir diese Macht. Warum sollte ich das tun wollen?«

»Ich kann unabhängig von dem, was geschieht, oder von dem, was andere Menschen sagen oder tun, wählen, glücklich zu sein. Es ist nicht immer einfach, aber ich kann wählen.«

Übung
Schreibe vier Beispiele dafür auf, wann du anderen oder dir selbst Schuld zuweist.

Negativität und Pessimismus
Es gibt immer gute Gründe, alles negativ zu sehen. Doch diese Art von Negativität ist eine kognitive Verzerrung. Deshalb machen uns diese »guten Gründe« krank. Wenn man sich also gern krank fühlen möchte, muss man dafür sorgen, alles negativ zu sehen.

Beispiele
»Es wird ein schrecklicher Tag werden, denn es ist bewölkt / es regnet / es ist kalt.«
»Warum etwas sagen? Mir hört doch sowieso keiner zu.«
»Warum versuchen? Ich schaff das sowieso nicht.«

Mögliche Substitutionen
»Ich kann trotz schlechten Wetters einen guten Tag haben.«
»Ich kann mich gut fühlen mit dem, was ich zu sagen habe, unabhängig von der Reaktion der Menschen.«
»Woher soll ich wissen, ob ich etwas schaffe, wenn ich es nicht versuche?«

Übung
Schreibe vier Beispiele eigener Negativität auf, die du häufiger benutzt, und finde authentische Substitutionen dafür.

Wenn du dich entwickeln willst und deine und die Lebensqualität anderer verbessern möchtest, ist es hilfreich, kognitive Verzerrungen in deinem Denken zu erkennen. Du kannst sofort damit anfangen, wenn du beschließt, dass es die Mühe wert ist, kognitive

Verzerrungen, die deine Gefühle bestimmen, durch wahrhaftige, hilfreiche Aussagen zu ersetzen. Oft fällt es schwer, authentischen Ersatz für kognitiven Verzerrungen zu finden. Es hilft daher, sich mit Freunden oder Vertrauten zusammenzutun und sich gegenseitig auf kognitive Verzerrungen aufmerksam zu machen und Substitutionen zu finden.

Dieser Text ist im englischen Original in »Waking Up: Using Integral Deep Listening to Transform Your Life« von Dr. Joseph Dillard erschienen und wurde von Claudia Hahm übersetzt. Der Abdruck erfolgt mit freundlicher Genehmigung von Autor und Übersetzerin.

Mehr Informationen findest du unter https://www.integraldeeplistening.com/

Teil 2

August 2014 – März 2017

9

Im Sommer ist Berlin am schönsten. Die Stadt kann, das hat Peter Fox bereits vor Jahren in einem Lied gesungen, so hässlich sein – aber in den warmen Monaten, wenn das Licht erst in den späten Abendstunden zwischen den Häuserschluchten verblasst und die Luft von klirrenden Weingläsern, leiser Musik aus den Hinterhöfen und den 1001 Gerüchen der unterschiedlichen Küchen aus aller Welt erfüllt ist, gibt es für mich keinen schöneren Ort.

Seit beinahe einem halben Jahr bin ich arbeitslos. Zum ersten Mal in meinem Leben habe ich keine feste Anstellung oder einen Job. Ich beziehe Arbeitslosengeld – eine Tatsache, die ich erst einmal verdauen musste. In den ersten Wochen nach der letzten Klappe bei »Gute Zeiten, schlechte Zeiten« fühlte es sich unglaublich falsch an, Geld vom Staat zu bekommen. Doch ich verstand schnell, dass mein seelischer Zustand damals wichtiger war als mein Stolz. Ich musste mich kümmern, und zwar nicht um eine neue Stelle oder ein Engagement, sondern in erster Linie um mich. Weil ich zähle. Weil ich es wert bin. Und weil nichts auf der Welt so wichtig ist, dass ich meine geistige Gesundheit hintanstelle.

Außerdem geht es in wenigen Wochen weiter. Die Rolle in Düsseldorf habe ich bekommen, bald beginnen die Proben, und ab Herbst stehe ich dann endlich wieder auf der Bühne. Was kann es Besseres geben? Theater! Jeden Abend das kribbelnde Gefühl des Lampenfiebers. Die direkte Rückmeldung des Publikums, jedes Lachen, jede Überraschung echt und unverstellt, ohne Mattscheibe und viele Wochen Wartezeit zwischen Aufnahme und Ausstrahlung.

Es gibt vieles, was ich vermisse, seitdem ich nicht mehr in der Serie mitspiele. Eine Aufgabe. Das Gefühl, etwas Nützliches, Sinnvolles zu tun. Auf eigenen Beinen zu stehen, gerade finanziell. Vor allem aber meine Kollegen und einen geregelten Alltag. Ich kann der freien Zeit momentan sehr viel abgewinnen, doch am wohlsten fühle ich mich einfach, wenn ich einen Plan habe und weiß, was nächste Woche ansteht.

Damit ich nicht vergesse, welchen Wochentag wir haben, verabrede ich mich über den Sommer beinahe täglich. Seitdem ich meine depressive Phase überwunden habe, strecke ich die Fühler in alle Richtungen aus und unternehme viel. Ich treffe Freunde, verabrede mich in Cafés und Bars, gehe aus, besuche Museen, bummle durch die Berliner Alleen, spaziere auf dem Kurfürstendamm, fahre am Wochenende raus ins Grüne zu einem der unzähligen schönen Seen in Brandenburg. Ich bin häufig in Gesellschaft, kann die Stunden allein mittlerweile aber auch sehr genießen. Und ich bin zurück in meine alte Wohnung gezogen, die, Gott sei Dank, noch nicht vermietet war. Die Vermieter der neuen Wohnung in Potsdam, in der ich nur ein paar Wochen wohnte, fanden zum Glück sehr schnell einen Nachmieter, und dass ich in genau dieselbe Bude zurückziehen konnte, in der ich mich über so viele Jahre wohlfühlte, macht die Sache noch besser. Nicht nur wegen des Geldes – es ist einfach ein gutes Gefühl, an einem Ort zu Hause zu sein, der mir vertraut ist. Außerdem wohne ich in Schöneberg so zentral, dass ich keine langen Anfahrten habe, um meine Freunde oder meinen Bruder Alex zu treffen. Meistens nehme ich das Fahrrad und genieße den warmen Fahrtwind auf meinen nackten Armen, während ich durch die City düse.

»Hier ist es«, sagt Alex und schaut an der heruntergekommenen Hausfassade hinauf. »Na, ein Palast ist das nicht.«

»Beschwer dich nicht«, mahne ich. »Immerhin ist die Wohnung günstig.« Und das ist einer der Gründe, warum er in den Wedding ziehen will. Obwohl der Bezirk zum Berliner Westen gehörte, wurde hier jahrelang nicht viel investiert. Ein Grund, warum die Immobilien günstig sind und die Häuser so aussehen wie das, vor dem wir jetzt stehen. Doch die Gegend ist nett. Belebt, ohne überlaufen zu sein, urban, aber keine Betonwüste.

»Außerdem, wenn du da drin wohnst, schaust du ja auf die Seite gegenüber«, gebe ich zu bedenken.

Alex dreht sich um und betrachtet das Wohngebäude auf der anderen Straßenseite, vor dem zwei begrünte, riesige Laubbäume stehen. »Du hast recht. Wie immer.« Er seufzt. »Wenn ich ehrlich bin, ist das etwas an dir, das ich gar nicht so gern mag.«

Ich knuffe ihn in die Seite, und er lacht. Dann schließe ich mein Fahrrad ab und werfe einen Blick aufs Handy. »Wann ist die Besichtigung?«

»Um vier. Er kommt schon.« Alex zwinkert mir zu. Er weiß sehr gut, dass ich Unpünktlichkeit nicht leiden kann. Wegen ein paar Minuten mache ich auch sicherlich kein Fass auf. Aber es ist unsere vierte Wohnungsbesichtigung heute. Beim ersten Termin mussten wir fast eine Viertelstunde warten, beim dritten

Mal war es doch eine Massenbesichtigung, bei der sich fünfzig Personen gleichzeitig durch den engen Haus- und anschließend Wohnungsflur schoben. Total nervig, vor allem bei 28 Grad und einem Wetter, bei dem man besser an einem Baggersee liegen sollte.

Seitdem ich nicht mehr in der Serie arbeite, verbringe ich sehr viel Zeit mit meinem Bruder. Er ist in so ziemlich allem das exakte Gegenteil von mir. Ich aufgeräumt und organisiert, er chaotisch und spontan. Ich strukturiert, er flexibel. Trotzdem – oder gerade deshalb – verstehen wir uns blendend. Es ist dieses besondere Band der Geschwisterliebe, das uns vereint. Das Gefühl, sich in- und auswendig zu kennen und all die Macken und Marotten des anderen nicht nur irgendwie zu ertragen, sondern tatsächlich zu mögen. Blindes Verständnis und grenzenloses Vertrauen. Hoffentlich erleben das meine Kinder eines Tages auch einmal so.

»So langsam wird es aber Zeit«, sage ich, mittlerweile leicht genervt, und schaue wieder auf die Uhr. Zehn nach. Was soll das? Der will uns doch eine Wohnung vermakeln. Und heißt es nicht, für den ersten Eindruck gibt es keine zweite Chance? Ich fühle mich an meine serbische Verwandtschaft erinnert. Wenn die sagen, sie kommen um drei, muss man vor vier nicht mit ihnen rechnen – oder noch später! Zumindest in ihrer Unpünktlichkeit kann man sich auf sie verlassen. Ich lege den Kopf in den Nacken und schnaufe.

»Isi«, sagt mein Bruder lachend. »Nun sei nicht so ein Korinthenkacker.«

Ich zucke zickig mit den Schultern. »Ich finde es einfach unhöflich, Leute zehn Minuten in der Affenhitze warten zu lassen.«

»Gib ihm noch fünf Minuten«, beschließt Alex, und ich ziehe

mein Handy aus der Tasche, um mir die Zeit im Internet zu vertreiben.

Als es Viertel nach vier ist, stecke ich das Handy weg und laufe zurück zu meinem Fahrrad.

»Was hast du vor?«, will Alex wissen.

»Na, was wohl? Der kommt nicht mehr. Also los, lass uns abhauen. Vielleicht schaffen wir es noch an den See ...«

In diesem Moment ruft aus einiger Entfernung eine Stimme: »Entschuldigung! Ich bin schon da. Verzeihung. Sorry.«

Entnervt schließe ich die Augen, atme tief durch und lasse das Fahrradschloss los. Es ist mir völlig egal, welche Erklärung dieser Typ gleich von sich gibt. Makler sind mir sowieso nicht so sympathisch, und dieser hier hat es auf ganzer Linie vergeigt! Ich richte mich auf, drehe mich um – und kann nichts dagegen unternehmen, dass sich mein Mund zu einem Lächeln verzieht.

10

Es ist nicht so, dass er der schönste Mann ist, dem ich je begegnet bin. Der Makler ist attraktiv, das schon, aber auch nicht so groß, wie ich es eigentlich mag. Außerdem sieht er ein bisschen albern aus, wie er da mit fuchtelnden Armen und hastigen Schritten auf uns zugeeilt kommt, den Kopf in gespielter Demut gesenkt, das Gesicht entschuldigend verzogen.

Und doch ... er hat was. Trotz des affigen Stoffschals, den er um den Hals gelegt hat, obwohl es viel zu heiß dafür ist.

»Sorry, sorry, sorry«, sagt er außer Atem, als er endlich bei uns ankommt, »und vielen Dank, dass ihr gewartet habt. Ich bin bei einer anderen Wohnungsbesichtigung hängen geblieben, dann der Verkehr um diese Uhrzeit, und ... na ja, aber jetzt bin ich ja da.« Er schnauft, stemmt die Arme in die Seiten und scheint uns in diesem Moment das erste Mal wirklich anzuschauen. »Hallo. Ich bin Jens. Du musst Alex sein.« Er hält meinem Bruder die Hand hin, sie schlagen ein. Dann fällt sein Blick auf mich. »Und das ist deine Freundin?«

Alex grinst. »Nee. Das ist meine Schwester.«

»Oh.« Das Lächeln des Maklers wird noch breiter. Sieht er ... erfreut aus? Er gibt auch mir die Hand und hält sie einen Augenblick länger fest, als er müsste. Dort, wo unsere Haut sich berührt, fängt es schlagartig zu kribbeln an, und Jens' braune Augen bohren sich in meine.

»Hi, äh, ich bin Isa«, stammle ich unsicher und streiche mir mit der freien Hand eine Strähne hinters Ohr.

»Angenehm. Sehr angenehm«, erwidert Jens. »Dann wollen wir mal.« Er kramt einen Schlüssel aus der Hosentasche, wendet sich zum Haus um und geht auf die Eingangstür zu. »Das Haus wurde in den 1940er-Jahren erbaut. Es gibt fünf Stockwerke, keinen Aufzug.« Er öffnet die Tür und geht vor uns in den kühlen Hausflur. Während er weiter Informationen über das Gebäude runterrattert, marschiert er in den ersten Stock. Alex folgt ihm, ich gehe immer noch etwas verwirrt hinterher. Warum ist der Kerl so süß? Und was war das eben zwischen uns? Der berühmte Funken, der übersprang? Kann doch nicht sein. Vermutlich habe ich mich nur an irgendwas aufgeladen.

»Doch nicht so schlecht, dass wir gewartet haben, hm?«, flüstert mir mein Bruder zu und zwinkert. Ich schubse ihn vorwärts, hoffentlich hat der Makler das nicht gehört, das wäre ja endpeinlich. Schlimm genug, dass Alex mitgeschnitten hat, wie süß ich Jens finde. Das schmiert er mir jetzt sicher Wochen aufs Brot.

Auf der zweiten Etage angekommen, schließt Jens eine der Türen auf und lässt uns in die Wohnung eintreten. Zwei Zimmer, kleine Küche, Bad, Balkon zum Innenhof, Parkettboden, Raufasertapete. Er führt uns in die Küche, erklärt, dass sie für kleines Geld von den Vorbesitzern abgekauft werden könne. Alex stellt Fragen – Nebenkosten, Strom, Wasser, Wäschekeller –, ich kriege das meiste nicht mit, weil ich mit mir selbst beschäftigt bin. Irgendwas an diesem Mann macht mich auf eine sehr angenehme Weise nervös. Mein Körper fühlt sich an, als wäre ich in ein Fass Waldmeisterbrause gefallen, bis in die Zehen kann ich das Kribbeln spüren. Verrückt.

»Ich zeig dir mal die restlichen Zimmer«, sagt Jens zu meinem Bruder und verlässt die Küche. Alex folgt ihm, ich bleibe allein zurück. Mein Blick saugt sich an der Dokumentenmappe fest, die Jens auf der Küchenarbeitsplatte hat liegen lassen. Darauf: sein Schal. Dieser alberne Schal, typisch Makler, so ein Baumwolllappen in Dunkelblau. Ob ich ...? Nein, das kann ich nicht machen. Oder?

Ich lausche in die leere Wohnung, Alex und Jens sind gerade auf dem Balkon. Das ist meine Chance. Bevor ich es mir anders überlegen kann, greife ich einem bescheuerten Impuls folgend nach dem Schal, halte ihn mir vors Gesicht, stecke meine Nase in den Stoff und atme tief ein. Sofort ist das Kribbeln zurück. Es beginnt in meinem Kopf, rieselt über die Wirbelsäule nach unten, breitet sich nach vorn bis unter den Bauchnabel aus und verwandelt sich dann in ein warmes, weiches Gefühl, das meinen gesamten Körper flutet. Ich schließe die Augen, schnuppere noch mal an dem Schal, sauge Jens' Geruch tief in mir auf. Er riecht fantastisch! Nicht so sehr nach irgendeinem speziellen Parfüm oder Eau de Toilette, sondern nach ihm. Erdig, zugleich frisch. Männlich. Sexy.

Plötzlich höre ich die Stimmen näherkommen. Ich reiße die Augen auf, lege den Schal hastig zurück auf die Küchenarbeitsfläche, versuche ihn so zu drapieren, wie Jens ihn dort hingelegt hat.

»Dann machen wir es doch so, du schläfst eine Nacht drüber und sagst mir morgen Bescheid. Wenn der Besitzer der Wohnung einverstanden ist, kannst du am 1. August einziehen.«

Alex nickt, er sieht zufrieden aus. Jens, der Makler, ebenfalls. Nur ich stehe in der Küche herum wie ein Möbelstück, das die

Vormieter vergessen haben mitzunehmen, rot wie eine Tomate und verlegen bis in die Haarspitzen.

Oh Mann.

Als wir wieder auf der Straße stehen, wirft Jens einen Blick auf sein Handy.

»So, ich muss los, sonst komme ich wieder zu spät.« Er grinst. »Ich würde mich freuen, von euch zu hören«, sagt er, schüttelt Alex die Hand, dann meine. In diesem Moment fügt er grinsend hinzu: »Natürlich auch von dir.«

Mein Bruder und ich blicken ihm hinterher, als er mit beschwingten Schritten die Straße entlangläuft und um die Ecke biegt.

»Die Bude ist super«, sagt mein Bruder. »Die will ich unbedingt haben.

»Und ich den Makler«, antworte ich.

Dann müssen wir lachen.

11

»Sehen gut aus, die kurzen Haare.« Kai lächelt verlegen.

Reflexhaft wandert meine Hand an den Hinterkopf, streicht über den raspelkurzen Pixie Cut. Ich habe mir die Frisur vor ein paar Wochen schneiden lassen und mich immer noch nicht an das Gefühl gewöhnt, auch wenn ich den neuen Look wirklich mag.

Jens gefallen die kurzen Haare ebenfalls. Er ist, das habe ich in der kurzen Zeit, seitdem wir zusammen sind, bereits herausgefunden, in vielen Dingen ein sehr untypischer Mann. Unglaublich gesellig, sehr kommunikativ, empathisch, zugewandt. Und in vielem völlig anders als ich.

Davon hatte ich natürlich keine Ahnung, als wir uns wenige Tage nach der Wohnungsbesichtigung meines Bruders zum Abendessen verabredeten. Alex hatte ihm in seiner Zusage zur Wohnung den Tipp gegeben, sich doch mal bei mir zu melden und mit einem Kaffee für sein Zuspätkommen zu entschuldigen, meine Handynummer hatte er gleich mitgeschickt. Jens fackelte nicht lang, rief mich an und bat mich nach Kreuzberg zu einem kleinen, hochromantischen Italiener. Mit rot-weiß karierten Tischdecken und dunkel lasierten Stühlen sah das

Restaurant wie die perfekte Kulisse für die berühmte Susi-und-Strolch-Szene aus – und tatsächlich küssten wir uns noch an diesem Abend. Seitdem kann uns nichts und niemand trennen.

Nicht einmal die Tatsache, dass wir grundverschieden sind. Jens ist ein Lebemensch, der sich gern die Nächte in Bars und Kneipen um die Ohren schlägt. Ich bin am liebsten um neun Uhr abends mit dicken Wollsocken im Bett, egal zu welcher Jahreszeit. Jens hat eine riesige Familie, die sich oft trifft und feiert. Das gibt es in meiner Familie nicht. Jens lädt seine Akkus mit zwischenmenschlichen Kontakten auf, ich brauche viel Zeit für mich und bin von zu vielen Leuten um mich herum schnell angestrengt.

Natürlich haben wir uns das bei unserem ersten Date nicht verraten, sondern uns von unseren jeweiligen Schokoladenseiten präsentiert und uns ein bisschen unternehmungslustiger (ich) und geerdeter (er) gegeben, als wir in Wahrheit sind. Im Grunde hat sich Jens, zumindest am Anfang, ein bisschen in Pia Koch verliebt – nur, dass er die Serie nie gesehen hat, ja noch nicht einmal wusste, dass ich Schauspielerin bin, als wir uns kennenlernten. Noch so eine Sache, die ich total an ihm mag: Es ist ihm vollkommen Hupe, dass ich in der Öffentlichkeit stehe.

Nun, nach ein paar Wochen, wissen wir, dass wir in unserer Anfangszeit vielleicht ein kleines bisschen geflunkert haben. Da wir es aber beide in demselben Maße taten und uns am wahren Ich des anderen nicht stören, kommen wir sehr gut miteinander klar. Und ein bisschen Pia steckt ja tatsächlich in mir. Zumindest manchmal.

Vor ein paar Tagen, als die Mail von Kai ankam, griff ich sofort zum Hörer und rief Jens an. Ich erzählte ihm von Kais geheimnisvoller Einladung – von einem Produzenten, den ich aus meiner Zeit bei »Gute Zeiten, schlechte Zeiten« kannte, mit dem ich aber selten zu tun gehabt hatte, weil er eine andere Serie betreut.

»Der will sogar nach Düsseldorf kommen, um mich zu sehen«, erklärte ich Jens verblüfft.

»Wart nur ab«, sagte der leichthin. »Der bietet dir bestimmt einen Job an.«

Gegen einen festen Job hätte ich im Grunde nichts einzuwenden. Das Engagement in Düsseldorf ist okay, die Kollegen sind nett und das Stück »Das perfekte Desaster Dinner« witzig, aber die kleine Wohnung, die man mir zur Verfügung gestellt hat, ist ein übles Loch, in dem ich mich auch nach Wochen noch nicht heimisch fühle. Außerdem spielen wir das Stück nur knapp anderthalb Monate, und danach muss ich mir wieder etwas Neues suchen. Vor allem aber vermisse ich Jens und Berlin.

»Du bist aber nicht nach Düsseldorf gekommen, um mir Komplimente wegen meiner Haare zu machen, oder?«, frage ich Kai freiheraus.

Er seufzt, grinst, schüttelt den Kopf. Dann holt er tief Luft und sagt: »Hör mal, die Produktion hat einen riesigen Fehler gemacht. Es war falsch, dich gehen zu lassen und Pia aus der Serie zu streichen. Ich hielt das damals schon für eine blöde Idee, aber ich konnte mich nicht durchsetzen.«

Ich blinzele, lasse seine Worte wirken. Na, das ist ja mal ein Ding.

»Im Ernst, Isa, die Zuschauer waren überhaupt nicht glücklich damit – und sind es immer noch nicht. Bis heute kriegen wir deinetwegen Zusendungen, in denen wir gefragt werden, wann Pia wieder zurückkehrt.«

»Na ja«, sage ich trocken. »Sie hockt offiziell ja immer noch in den Flitterwochen.«

Er räuspert sich. »Das lief damals alles nicht so ideal.« Dann hellt sich sein Gesicht auf. »Umso besser sind die Neuigkeiten, die ich heute für dich habe.«

Ich verschränke die Arme vor der Brust, lehne mich im Stuhl zurück. Ich habe nicht vor, mir auch nur eine Gefühlsregung anmerken zu lassen.

»Wir haben uns was Tolles überlegt, das gab es noch nie im deutschen Fernsehen«, beginnt Kai zu erklären und wirkt mit einem Mal aufgeregt. »Ein Crossover! Pia kommt in die Serie ›GZSZ‹ zurück. Aber das ist noch nicht alles. Wir haben vor, deine Rolle auch bei ›Alles was zählt‹ in den Cast aufzunehmen. Das wird ein Riesending, Isa. Du in zwei Serien, zur besten Zeit im deutschen Fernsehen! Was denkst du? Kannst du dir das vorstellen?«

Ich betrachte nachdenklich meine Fingerspitzen. In meinem Inneren tobt ein Orkan, aber ich werde einen Teufel tun, das Kai merken zu lassen. Klar, mein Ego plustert sich gerade zur doppelten Größe auf, am liebsten würde es rufen: »Warum nicht gleich so?!« Die innere Beamtin jubelt, festes Einkommen, geregelte Arbeitszeiten, Einzahlen in die Rentenkasse, hurra!

Doch im selben Maße, wie ich mich über das Angebot freue, kommt die Angst. Ich habe nach dem Ausstieg aus »Gute Zeiten, schlechte Zeiten« Monate gebraucht, um wieder auf die Beine zu kommen. Ich war wirklich am Boden, und ohne Claudia und Tommi wäre ich da vermutlich immer noch. Heute, mehr als ein halbes Jahr später, ist von der weinenden, verängstigten, bis ins Mark erschütterten Isabell nichts mehr zu sehen. Aber heißt das, dass ich auch nie wieder an diesen dunklen, finsteren Ort zurückkehren kann? Bin ich »safe«? Was, wenn sie in einem Jahr feststellen, dass die Quoten durch ihre tolle Idee nicht besser werden? Sägen sie mich dann gleich wieder ab? Und werde ich dann stabiler dastehen als beim ersten Mal? Oder in die nächste Krise rutschen?

»Isa?« Kai sieht mich mit unsicherem Blick an. »Wäre es nicht schön, wieder zurückzukommen und dort weiterzumachen, wo wir aufgehört haben?«

Ich wende den Kopf, schaue durch das Fenster nach draußen auf die verregnete Stadt, über die sich bereits die Dämmerung legt. Einfach weitermachen, wo man aufgehört hat. Die Beziehung wieder aufleben lassen. Anknüpfen.

Geht das überhaupt?

12

Aufgewärmt schmeckt nur Gulasch. Den Spruch habe ich mal irgendwo gelesen, damals in Bezug auf Beziehungen mit verflossenen Liebhabern.

Trotz einiger Zweifel kehrt Pia Koch zu »Gute Zeichen, schlechte Zeiten« zurück und spielt gleichzeitig bei »Alles was zählt« mit. Die Dreharbeiten für »GZSZ« finden in Berlin statt, die andere Serie wird in Köln gedreht. Das bedeutet viel Fahrerei, jede Woche pendeln – nicht leicht für eine Partnerschaft, die gerade erst ein paar Monate alt ist. Jens macht bei allem mit, passt sich an, doch ich merke: Die Entfernung belastet uns.

Der erste Drehtag in Berlin ist merkwürdig. Ich habe erwartet, in die Rolle der Pia wie in einen bequemen, alten Turnschuh hineinzuschlüpfen, immerhin habe ich die Figur jahrelang verkörpert, kenne sie besser als jeder andere. Doch ich bemerke in den ersten Szenen, die wir abdrehen, dass dieser Schuh an verschiedenen Stellen drückt. Es fühlt sich anders an als früher. Ich brauche eine Weile, ehe ich begreife: Mit dem Schuh ist alles in Ordnung. Aber ich bin gewachsen. Ich passe nicht mehr so gut zu Pia wie noch vor einem Jahr.

Auch mein Empfang am Set lässt die Erinnerungen an meinen

letzten Tag hier wieder hochkommen. Mit meinem Spielpartner Felix hatte ich in der Pause keinerlei Kontakt, es fühlt sich seltsam an, jetzt auf Knopfdruck das glückliche Ehepaar Pia und John zu spielen. Gut, immerhin das erledigt sich nach kurzer Zeit von selbst, denn die beiden Figuren trennen sich rasch, was auch der Grund ist, weshalb Pia schließlich nach Köln geht und dort bleibt. Dort, mit dem neuen Team, fällt es mir leichter zu drehen. Die Beklommenheit ist nicht da, die ich am Set in Babelsberg manchmal spüre, denn alle wissen ja, wie Felix und ich gegangen wurden. An manchen Tagen fühlt sich die Vergangenheit wie ein Stigma an, dem ich einfach nicht entkommen kann. Es klebt an mir, markiert mich als beschädigte, mangelhafte Ware – selbst wenn die Produktion offenbar eingesehen hat, dass sie damals einen Fehler gemacht hat. Nicht nur einmal höre ich in den ersten Wochen: »Toll, wie du damit umgegangen bist.« Und denke mir dabei: Wenn ihr wüsstet. Es ist nicht so, dass man unfreundlich zu mir ist, eher so, als würde jeder andere, der an der Produktion mitwirkt, durch meine Person daran erinnert werden, dass die Zeit bei »GZSZ« jederzeit vorbei sein kann. In Köln hingegen empfängt man mich mit offenen Armen und völlig vorurteilsfrei. Die Kollegen sind unglaublich hilfsbereit und freundlich, schnell fange ich an, erste freundschaftliche Bande zu knüpfen.

Als mir die Produzenten ein halbes Jahr nach meiner Rückkehr im Sommer 2015 verkünden, dass mein Engagement bei »GZSZ« beendet ist und ich künftig nur noch bei »AWZ« mitspielen werde, weiß ich zunächst nicht, was ich davon halten soll. Wieder einmal werde ich vor vollendete Tatsachen gestellt – und das gefällt mir nicht. Mich beschleicht außerdem der Verdacht, dass es von Anfang an der Plan der Produktionsfirma war, eine beliebte Figur der erfolgreicheren Serie zu »Alles was zählt« zu holen und damit die Quote aufzupolieren. Der Plan ist aufgegangen, aber ich schätze es nicht, wenn man mich instrumentalisiert. Gleichzeitig muss ich zugeben, dass die Stimmung in Köln mit der in Berlin nicht zu vergleichen ist. Am Set und unter den Kollegen geht es locker und lustig zu, und wenn die Schauspieler gefragt werden, ob sie mal wieder für ein Klatschmagazin ein Interview geben können, sagen sie einfach: »Nö.« Ich kann und darf mich also gar nicht beschweren.

Und doch gibt es da eine Sache, die mir einfach keine Ruhe lässt. Ich spüre, dass Jens »der Richtige« ist (auch wenn ich, Hand aufs Herz, im Grunde nicht so wirklich weiß, was das genau bedeutet). Schon nach wenigen Monaten ziehen wir zusammen und sprechen über unsere Zukunft. Ich denke dabei an Familiengründung, Kinderkriegen. Jetzt wäre doch die richtige Zeit dafür. Ich bin 31 – eigentlich wollte ich mit dreißig schon Mama sein. Gut, dafür fehlte jahrelang der richtige Mann. Aber den habe ich nun ja. Ewig kann ich nicht mehr warten mit dem Kinderkriegen. Und wenn man weiß, dass man sich liebt und im anderen nicht nur einen Partner, sondern auch ein Elternteil sieht, ist doch eigentlich alles klar. Oder?

»Willst du eigentlich Kinder?«, frage ich Jens im Sommerurlaub, als wir am Strand von Griechenland liegen und uns die Sonne auf den Pelz scheinen lassen. Wir sind nun ein Jahr zusammen, verstehen uns blind, lachen viel und teilen dieselben Werte und Vorstellungen von der Zukunft. Ideale Grundvoraussetzungen, um den nächsten Schritt zu gehen.

Er zuckt mit den Achseln. »Klar. Aber muss nicht sofort sein.«

Ups. »Also lieber nicht?«, hake ich unsicher nach. Ich erinnere mich an das Gespräch, das wir während unseres ersten Dates geführt haben. Damals fragte ich ihn, ob er gerne Single sei, und er bejahte. Ich dachte seinerzeit: Gut, das wird das kürzeste Date aller Zeiten, der Typ ist an einer Beziehung ja gar nicht interessiert. Zum Glück bemerkte Jens meinen irritierten Gesichtsausdruck und erklärte mir: »Ich mag das Singledasein, würde aber auch gern wieder eine Beziehung führen.« Ich verstand in diesem Augenblick, dass Jens einfach ein Mann ist, der sich mit vielen Umständen arrangieren und allem das Beste abgewinnen kann. Von sich aus hätte er sich beispielsweise nie eine Katze zugelegt – nun hat er zwei, und zwar meine, auf die er aufpasst, wenn ich in Köln beim Drehen bin.

Er nickt bestimmt. »Doch, ich kann mir das vorstellen. Willst du denn Kinder?«

»Auf jeden Fall. Ich stelle mir das so toll vor, ein Baby zu haben. Stell dir mal vor, ein kleines Wesen, die perfekte Mischung aus uns beiden! Und wir sind für dieses Wesen verantwortlich.«

Er lächelt unsicher. Es ist offensichtlich, dass ihn der Gedanke eher beunruhigt als begeistert.

»Ich weiß nicht«, rede ich schnell weiter, »aber ich glaube, dass es ein schönes Gefühl ist, Kinder zu haben. Unendliche Liebe. Absolute Hingabe. Kann es etwas Besseres auf der Welt geben?«

Jens lächelt. »Wenn du das so sagst, hört es sich wirklich toll an. Ist aber auch sehr zeitintensiv, so ein Kind.«

»Ja«, antworte ich und füge hastig hinzu: »Ich würde aber sofort aus der Serie aussteigen und die ersten zwei Jahre zu Hause bleiben, wenn wir ein Kind bekämen.«

Eine Weile sagen wir nichts. Jens schaut aufs blaue Meer, ich lasse Sandkörner durch meine Finger rieseln.

»Wir könnten ja einfach mal loslegen«, schlage ich vorsichtig vor.

Jens grinst. Es ist offensichtlich, dass er sich vor allem auf das »Loslegen« freut. »Finde ich gut.« Er zwinkert mir hinter der Sonnenbrille zu. »Ich hab auch nix dagegen, wenn es ein bisschen länger dauert.«

In meinem Kopf war die Sache irgendwie klar: Wir setzen die Verhütung ab, und ein paar Zyklen später bin ich schwanger. Kann ja nicht so schwer sein, kriegen jeden Tag schließlich Abertausende anderer Paare hin.

Allein, die Pendelei von Köln nach Berlin und wieder zurück macht es nicht so leicht, die Tage abzupassen, an denen ich fruchtbar *und* mit Jens zusammen bin. Außerdem strengt mich die Reiserei unglaublich an. Am Freitag jette ich nach Berlin, meist sind wir die Wochenenden in der Hauptstadt, weil Jens als Immobilienmakler samstags viele Besichtigungen hat, am Sonntagnachmittag fliege ich zurück. Es sind wenige Stunden, in denen wir Zeit miteinander verbringen können. Nicht immer habe ich Lust auf Sex, oft ist mir sogar nicht danach. Aber der Kalender sagt, dass es passen könnte. Und so falle ich über Jens her, wenn ich laut Zykluskalender meinen Eisprung habe.

Am Anfang macht das auch noch richtig Spaß. Im Laufe der Zeit jedoch wird es immer mühsamer. Ich bin enttäuscht, wenn ich Monat für Monat wieder meine Regel bekomme. Es hat erneut nicht geklappt, also nächster Versuch. So schön es ist, dass man als gesunde Frau theoretisch alle vier Wochen schwanger werden kann, so unfassbar anstrengend ist es auch. Zwei Wochen warten auf den Eisprung. Sex haben, auch wenn man keine Lust hat. Zwei Wochen warten auf die Blutung oder den Schwangerschaftstest. Und dann geht das Ganze wieder von vorne los.

Mich beschleicht die Sorge, dass bei uns etwas nicht stimmen könnte. Sind es Jens' Spermien oder meine Follikel? Ist was mit meinem Zervixschleim nicht in Ordnung? Vielleicht sind es ja auch die Hormone. Oder wir passen genetisch nicht zusammen, und unsere Körper regeln die Sache von allein – das ist der schrecklichste Gedanke. Die Angst, etwas könnte bei uns schieflaufen, wird bald schon zu meinem täglichen Begleiter. Und ehe ich es mich versehe, hat das Thema Kinderwunsch Besitz über mein ganzes Leben ergriffen.

Wenn ich im Kalender sehe, dass ich an einem Eisprung-Tag nicht in Berlin bin, frage ich vorsichtig bei der Produktion an, ob man den Drehplan ändern könne. Urlaub plane ich gar keinen mehr, immerhin will ich in sechs Monaten zu Hause auf dem Sofa sitzen und meinen dicker werdenden Bauch streicheln – und nicht durch die Weltgeschichte reisen.

Aber so oft wir es auch versuchen: Ich werde einfach nicht schwanger. Statt einer wachsenden Babykugel wird einzig die Enttäuschung immer stärker. Ich habe nur wenigen Freunden von unseren Familienplänen erzählt, und jedes Mal, wenn ich sie treffe, schielen sie unauffällig auf meinen Bauch oder verfolgen genau, ob ich Alkohol bestelle.

»Ihr dürft euch nicht so einen Druck machen«, höre ich immer wieder. Aber wo, bitte schön, ist denn der Knopf, auf den man draufdrückt, damit die steigende Frustration keinen Einfluss mehr auf einen hat?

Nach einem halben Jahr bin ich völlig zermürbt. Obwohl mir andauernd gesagt wird, dass es ganz normal sei, wenn es etwas länger dauere, setzt mir das Thema zu. An manchen Tagen weiß ich nicht mehr, ob ich mir wirklich ein Kind wünsche, um mit Jens Eltern zu werden, oder damit die quälende Warterei endlich ein Ende hat.

Sogar der immer fröhliche Jens wirkt nicht mehr ganz so euphorisch wie am Anfang. Das hat natürlich damit zu tun, dass unser Sex nicht mehr leidenschaftlich und hemmungslos, sondern eher eine Routine-Übung ist mit dem Ziel, endlich ein verdammtes Spermium zur Befruchtung einer meiner Eizellen zu bekommen. Die Fernbeziehung strengt mich zudem an, und so komme ich nur ein Jahr nach meinem Einstieg bei »Alles was zählt« zu dem Schluss: Ich muss etwas anders machen. Da ich weder meinen Kinderwunsch noch meine Beziehung verändern oder abstellen kann, bleibt mir nichts anderes übrig, als den Vertrag bei »AWZ« nicht zu verlängern. Es bricht mir das Herz, denn das Team habe ich richtiggehend lieb gewonnen, und die Arbeit bereitet mir große Freude. Aber lange halte ich das nicht mehr durch – nicht das Pensum, nicht die Pendelei und nicht das Warten auf den zweiten blauen Strich auf dem Schwangerschaftstest.

13

Es ist wieder einmal Frühjahr, als ich meinen letzten Drehtag bei »Alles was zählt« habe. Es ist ein völlig anderes Gefühl als zwei Jahre vorher, als die letzte Klappe bei »Gute Zeiten, schlechte Zeiten« fiel. Die Kollegen waren aufrichtig traurig, konnten aber verstehen, dass das Pendeln an die Substanz geht – besonders bei einer Daily Soap, bei der es viele Szenen zu drehen und damit auch viel Text zu lernen gibt.

Trotzdem bin ich froh. Ich habe mein Schicksal dieses Mal selbst in die Hand genommen und nicht gewartet, bis meine Ressourcen erschöpft sind. Habe eine Entscheidung getroffen, die mir zwar nicht leicht fiel, sich aber richtig anfühlt. Pia Koch ist nun endgültig nach Ibiza ausgewandert und arbeitet da als DJane. Soll sie. Ihre Geschichte wurde in zwei Serien erzählt. Sie ist etwas ruhiger geworden über die Jahre, aus der leicht überdrehten Flipp-Else ist eine moderne, selbstbewusste Frau geworden. Ich bin mit ihr gewachsen, habe mich weiterentwickelt, bis es Zeit wurde, leise Servus zu sagen.

Jens holt mich aus Köln ab. Er kommt mit seiner A-Klasse, was eigentlich reichen sollte, wenn man nur ein Jahr lang in einem winzigen, teilmöblierten Apartment gelebt hat. Erstaunlicherweise sammelt sich aber sogar in kurzer Zeit viel in einer Wohnung an, weshalb wir die Stehlampe vom Flohmarkt am Ende aus dem halb geöffneten Fenster ragen lassen müssen und mit ihr als Antenne zurück nach Berlin fahren. Ich fühle mich gut, ich fühle mich frei. Ich führe eine glückliche Beziehung, habe mich entschieden, die Sicherheit aufzugeben und ins Risiko zu gehen. Das gefällt meiner inneren Beamtin nicht, aber die darf auch mal den Mund halten. Wer loslässt, hat die Hände frei! Und ich bin mir sicher, in diesen Händen bald schon unser gemeinsames Baby zu halten.

Natürlich bin ich immer noch nicht schwanger. Meine idealisierte Vorstellung, wie leicht und einfach es werden würde, wurde von der Realität knallhart auf den Boden der Tatsachen geholt. Aber wenn der Stress erst mal vorbei ist, wenn ich nicht mehr jede Woche durch die halbe Republik gurken muss, wenn ich nicht völlig besessen von meinem Eisprung über Jens herfalle, weil ich anderthalb Stunden später schon wieder in den Flieger nach Köln steigen muss, dann kann es doch nicht mehr lange dauern, bis sich mein großer Traum erfüllt.

Spätestens drei Monate nach meiner Entscheidung, die Serie »Alles was zählt« zu verlassen, weiß ich, dass ich es mir etwas zu einfach gemacht habe. Denn anstatt nun entspannt zu sein, wächst mein Stresslevel beinahe täglich an. Wie eine Henne sitze ich im Nest und warte. Ich warte darauf, dass die Tage verstreichen und ich endlich ruhiger werde. Warte auf den nächsten Zyklus, den nächsten Eisprung, die nächste hoffentlich ausbleibende Menstruation. Warte auf Jens, der von der Arbeit nach Hause kommt, damit wir ein Kind zeugen können. Eigentlich besteht mein halbes Leben nur noch aus Warten, und in der Zeit dazwischen streichele ich die Katzen.

Meine Fruchtbarkeit wird von mir mittlerweile generalstabsmäßig überwacht (denn das ist der Nachteil, wenn man nicht mehr zur Arbeit geht: Man füllt seinen Tag mit ziemlich irrwitzigen Beschäftigungen). Ich habe einen Kalender, in dem ich meinen Zyklus überwache, unterstützt wird das Ganze durch die Temperaturmethode und eine Ovulations-App. An manchen Tagen komme ich mir vor wie das Mastermind einer geheimen Kommandozentrale. Wenn auch ein recht erfolgloses, denn alle Bemühungen – selbst fünf Minuten postkoitale Kerze, damit das Sperma dort bleibt, wo es sein soll – sind für die Katz. Stattdessen denke ich mittlerweile bereits während des Geschlechtsverkehrs (ja, schreckliches Wort, aber genauso fühlt es sich an) daran, ob es diesmal geklappt hat.

Besonders schlimm sind die Tage danach. Wenn ich jede Regung meines Körpers wahrnehme und selbst das kleinste Blubbern in den Eingeweiden als Einnistung des befruchteten Follikels interpretiere. Zwickt mein Busen, bin ich mir sicher, dass ich schwanger bin. Habe ich Lust auf was Salziges und schiebe mir danach eine halbe Tafel Schokolade rein, bin ich mir sicher, dass ich schwanger bin. Und bin ich unerklärlich müde, habe ich natürlich auch eine Erklärung: Diesmal hat es funktioniert.

Leider können all meine guten Gedanken den Schwangerschaftstest nicht davon überzeugen, endlich den ersehnten zweiten Strich zu zeigen. Und ich mache viele Tests in dieser Zeit, von unterschiedlichen Herstellern zu unterschiedlichen Zeiten, Morgenurin, Nachmittagspipi, bald schon teste ich mehr als Lance Armstrong bei der Tour de France. Dazu noch die Ovulationsstäbchen, auf die ich tagelang pinkle – wäre es nicht so erbärmlich, hätte ich mich sicher schon totgelacht.

Einmal bin ich mir absolut sicher, dass ich schwanger bin.

Meine Menstruation verzögert sich, die Brüste spannen, mein Unterleib fühlt sich anders an. Bilde ich mir das ein? Wundern würde es mich nicht. Ich bin so besessen davon, schwanger zu werden, dass ich jeden quer im Darm liegenden Pups für mein zukünftiges Kind halte. Sicherheitshalber höre ich auch schon auf, Parmesan und rohen Fisch zu essen, denn wenn ich schwanger sein *könnte*, würde ich damit ja dem Baby schaden.

Selbstverständlich weiß ich, wie das Kinderzimmer aussehen soll. Auf Pinterest führe ich zahlreiche Listen und sammele Bilder. Als wir von Freunden gefragt werden, ob wir über Silvester eine Fernreise mit ihnen machen wollen, denke ich: Auf keinen Fall! Wenn ich ein Kind erwarte, kann ich nicht ins Ausland fahren.

Kurzum, ich bin verrückt geworden. Unter normalen Umständen neige ich schon dazu, jedes Detail zu planen. Aber *jetzt* dreht mein innerer Monk so richtig auf. Ich errechne Geburtsdaten und lese die passenden Horoskope dazu. Es ist ein Wunder, dass ich noch keine Tasche fürs Krankenhaus gepackt habe. Nur eines kann ich trotz all der guten Planung nicht kontrollieren: dass die Einzimmerwohnung in meiner Gebärmutter immer noch leer steht. Dabei bin ich mit einem Makler zusammen!

Ausgerechnet der kann überhaupt nicht verstehen, warum ich mich so unter Druck setze. »Du wirkst ein bisschen gestresst«, sagt er eines Abends, als ich wieder einmal heule, weil ich meine Regel bekommen habe. »Man könnte meinen, wir würden einen Preis gewinnen, wenn wir möglichst schnell ein Kind bekommen. Wollen wir nicht einfach die Zeit genießen und es uns gutgehen lassen?«

Am liebsten würde ich ihn erwürgen. Wie kann er so ruhig und gelassen sein? Wie kann es ihm dermaßen egal sein, wann wir Eltern werden? Was stimmt nicht mit ihm?! Und warum können wir uns den Druck und den Schmerz nicht teilen? Muss ich wirklich *alles* allein machen?

Er zieht mich in seine Arme. »Schatz, es wird schon noch klappen. Wir werden Eltern. Ich möchte doch nur, dass es dir gut geht.«

Dann mach mir endlich ein Kind!, denke ich beleidigt, wütend und traurig zugleich und weiß im selben Augenblick, dass ich total unfair bin.

An ihm liegt es nicht. Es liegt an mir. Ich bin kaputt. So muss es sein. Anders kann ich es mir nicht erklären. Ich habe doch alles berücksichtigt und geplant! Ich bin bereit, mein Körper ist es auch – wieso klappt es nicht?

»Das Problem ist dein Kopf«, sagt meine Mutter in einem Telefonat ein paar Tage später. »Lass doch mal locker. So kann das nix werden.«

Haha!, denke ich und werde fast sauer. Wie soll ich bitte lockerlassen? Mein Herzenswunsch, für den ich sogar meinen sicheren Job aufgegeben habe, geht nicht in Erfüllung. Ich bin nicht locker, ich bin stinksauer.

»Mir reicht es jetzt. Ich gehe in eine Kinderwunschklinik und fahre da das volle Programm«, beschließe ich trotzig. Ich hab die Faxen dicke. Am laufenden Band begegnen mir dicke Bäuche und Kinderwagen. Ich werde nicht hinnehmen, dass ich die einzige Frau unter der Sonne zu sein scheine, die kein Kind bekommen kann.

Meine Mutter seufzt. »Mach das. Aber tu dir selbst und allen anderen einen Gefallen und fahr erstmal in den Urlaub. Am besten allein, dann kannst du nämlich nicht schwanger werden und schaltest vielleicht mal ab.«

Von meiner Frauenärztin bekomme ich die Überweisung in eine Kinderwunschklinik. Jens sieht nicht wirklich überzeugt aus, mir zuliebe macht er aber mit. Allerdings geht es wieder mal nicht so schnell, wie ich möchte, denn der nächste freie Termin ist in sechs Wochen. Offenbar hat sich das ganze Universum gerade gegen mich verschworen.

Die Worte meiner Mutter kommen mir wieder in den Sinn. In den Urlaub fahren, mal auf andere Gedanken kommen. Entspannen. Eigentlich keine schlechte Idee. Jens muss arbeiten, und ich bin bereits früher allein verreist. Und warum nicht einen letzten Urlaub vor der bestimmt herausfordernden Kinderwunschbehandlung genießen?

»Ich fliege auf die Malediven«, verkünde ich meinem Freund ein paar Tage später.

Sieht er erleichtert aus? Nein, das bilde ich mir nur ein. Jens freut sich einfach ehrlich für mich, dass ich zumindest für zwei Wochen mal rauskomme und meine fixe Idee hoffentlich in Deutschland lasse.

Am Abend vor meiner Abreise haben wir zum ersten Mal seit langer Zeit wieder Sex, weil wir Lust aufeinander haben – und nicht, weil meine Ovulations-App eine Push-Benachrichtigung geschickt hat. Es ist intim, zärtlich, liebevoll, der richtige Abschied, wenn man sich mehrere Wochen nicht sehen wird. Dann setze ich mich in den Flieger und reise in den Indischen Ozean.

In den ersten Tagen auf den Malediven weiß ich kaum etwas mit mir anzufangen. Obwohl ich einerseits unter dem Projekt »Schwangerwerden« leide, hinterlässt es eine Lücke, sobald ich mich nicht mehr darum kümmere. Ich schlafe schlecht, brauche fast eine Woche, um richtig auf der Insel anzukommen. Um mich herum sind nur frisch verliebte Pärchen im Honeymoon.

Es könnte mich nerven, aber immerhin sind keine Familien mit Kindern da. Ich glaube, das würde ich gerade wirklich nicht verkraften, auch wenn mich das vermutlich zu keinem besonders netten Menschen macht. Ich missgönne den anderen ja nicht, dass sie Kinder haben – sondern trauere darüber, dass es uns so schwerfällt, selbst eines zu bekommen.

Dennoch, die kilometerlangen weißen Sandstrände, die verschlafenen Nachmittage in der Hängematte, das köstliche Essen und die traumhafte Umgebung sorgen dafür, dass ich endlich abschalte. Ich spüre, dass der Kinderwunsch langsam von der paradiesischen Umgebung verdrängt wird. Ich bin im Urlaub, momentan kann ich sowieso nichts tun, also kann ich es auch genießen.

Spontan beschließe ich, meine Reise um zehn Tage zu verlängern. Ich habe festgestellt, dass Sri Lanka nicht weit von den Malediven entfernt ist – eine wunderbare kleine Insel vor dem indischen Subkontinent. Da wollte ich schon immer mal hin! Das Eiland hat alles, was man sich erträumen kann: bezaubernde Strände, gesäumt von Palmen, die dem Wasser entgegenwachsen, ein fruchtbares, immergrünes Hochland mit Teeplantagen, so weit das Auge reicht, eine der spektakulärsten Bahnstrecken der Welt, zahllose buddhistische Tempel und an jeder Ecke goldene Buddhastatuen. Die Rikschas knattern bei Tag und bei Nacht über die Insel, man kann in schicken Fünf-Sterne-Hotels oder einfachen, familiengeführten Bed and Breakfasts übernachten. Ich gönne mir etwas Besonderes und buche eine ayurvedische Kur, die meinen Körper entgiften und mich entspannen soll. Dazu Massagen und Öl-Güsse ohne Ende – Erholung, ich komme!

Nur leider wird aus meinem tollen Plan nichts, denn natürlich reagiert mein Magen auf das fremde, indisch angehauchte

Essen und die vielen Gewürze. Tagelang ist mir nach meiner Ankunft auf Sri Lanka übel, selbst als ich nur noch Reis und weißes Toastbrot esse. Eine halbe Woche nach der Anamnese, die jeder ayurvedischen Kur vorangeht, sitze ich wieder im Behandlungszimmer der Ärztin, in dem es nach Kräutern und einer Prise Zimt riecht, und klage ihr mein Leid.

»Mir ist so schlecht. Jeden Morgen muss ich brechen. Ich glaube, ich habe eine Lebensmittelvergiftung.«

Die Ärztin, eine etwa sechzigjährige weißhaarige Singhalesin in einem orangefarbenen Sari, schaut mich nachdenklich an. »Jeden Morgen?«

Ich nicke unglücklich. In meiner Vorstellung besteht eine ayurvedische Kur vor allem aus Stirngüssen und Fußmassagen, nicht aus Spuckschüsseln und weißem Toastbrot.

Sie atmet tief ein und aus. »Sind Sie schwanger?«

Ich hebe den Kopf, den ich eben noch in meine Hände gestützt hatte. »Nein«, sage ich im Brustton der Überzeugung.

»Wie sicher sind Sie?«

Ich schüttle den Kopf. »Hundertprozentig.« Dann fällt mir der Abschiedssex ein. »Neunundneunzig Prozent ... oder fünfundneunzig?«

Die Ärztin blinzelt und steht auf. Aus einer Schublade des Wandregals holt sie einen Plastikstreifen und reicht ihn mir, dazu einen Urinbecher. »Das ist ein Schwangerschaftstest. Machen Sie den bitte morgen früh.«

Fassungslos sitze ich da. Das soll wohl ein Witz sein? »Ich bin nicht schwanger«, wiederhole ich noch einmal und nehme den Test und den Becher entgegen.

In der Nacht kann ich nicht schlafen. Der Gedanke, dass es endlich geklappt haben könnte, ist so absurd und gleichzeitig aufregend, dass ich am liebsten schon wieder spucken möchte. Also wälze ich mich stundenlang von links nach rechts und wieder zurück und reiße um fünf Uhr morgens das Laken zur Seite. Das muss jetzt reichen, ich will endlich wissen, was Sache ist!

Der Schwangerschaftstest, den mir die Ärztin gegeben hat, sieht genauso aus wie die Ovulationsstäbchen, mit denen ich in den vergangenen Monaten meine Fruchtbarkeit überprüft habe. Kein Vergleich zu den schicken Apparillos, die man bei uns in Deutschland in der Apotheke kauft.

Mit flatterndem Herzen pinkle ich in den Becher und halte das Stäbchen hinein. Ich muss nur ein paar Minuten warten, da erscheint ein zweiter blauer Strich. Vermutlich träume ich noch. Oder der Test ist kaputt. Aber angeblich bin ich schwanger. Das kann doch nicht sein.

Ich warte noch einmal fünf Minuten ab. Doch der Strich verschwindet nicht mehr. Er ist sogar noch deutlicher geworden.

Krass, denke ich. Und greife zum Handy.

Jens klingt völlig verschlafen, als er meinen Anruf entgegennimmt. »Isa? Es ist ein Uhr in der Nacht!«

»Was? Oh. Entschuldigung. Das habe ich vergessen.«

Er räuspert sich. »Ist etwas passiert?«

Ich atme tief ein. »Ja.«

Sofort wirkt er hellwach. »Was ist los?«

»Ich bin schwanger.«

Es wird still in der Leitung. Hat er aufgelegt? Ist er wieder eingeschlafen? Dann ertönt sein tiefes Atmen. Und er lacht. Jens lacht. Und ich fange vor lauter Glück an zu weinen.

14

Seit Stunden wiederhole ich mein Mantra: *Ich habe alles im Griff. Ich werde natürlich entbinden, ich werde keine PDA brauchen, ich werde eine wunderschöne Geburt ...*

Es war mitten in der Nacht um drei Uhr, als Jens und ich in der Geburtsklinik ankamen. Zwölf Stunden später hat sich mein Muttermund erst fünf Zentimeter geöffnet. Den Wehen ist das völlig egal, sie rauschen weiter durch meinen Körper, sorgen dafür, dass ich mich klein wie eine Kugel zusammenrollen möchte und bald schon nicht mehr weiß, wo unten und wo oben ist.

Ich weiß wirklich nicht, was ich mir dabei gedacht habe ...

Die Schwangerschaft war so schön. Als das erste Trimester vorbei war und die Übelkeit aufhörte, fingen die wunderbarsten Monate meines Lebens an. Ich war viel zu Hause, konnte mich ausruhen und so der unendlichen Müdigkeit trotzen, die sich Tag für Tag in mir ausbreitete. Ich las Bücher, besuchte den Vorbereitungskurs, genoss die Wochen, in denen Jens und ich noch ein Paar und keine Familie waren. Das Kinderzimmer für unsere Kleine ist fertig, und es ist genauso geworden, wie ich es mir vorgestellt habe.

Ich hätte niemals gedacht, dass sich irgendjemand da draußen überhaupt dafür interessiert, aber seitdem ich der Welt in einem YouTube-Video auf meinem Kanal verkündet habe, dass wir Eltern werden, bekomme ich unglaublich viele Zuschriften und kann fast dabei zuschauen, wie mir immer mehr Leute folgen. Sogar ein paar Kooperationen mit Unternehmen haben sich ergeben, und zu meiner eigenen Verblüffung werde ich dafür bezahlt, wenn ich über meine Erfahrungen mit einem bestimmten Produkt spreche. Es ist völlig unglaublich und gleichzeitig sehr beruhigend, dass es neben meinem Beruf als Schauspielerin offenbar auch noch etwas anderes gibt, mit dem ich meinen Lebensunterhalt finanzieren kann – sogar mit dieser dicken Kugel!

Doch genau diese dicke Kugel treibt mich in diesem Moment beinahe in den Wahnsinn. Wenn es mir nicht so schlecht ginge, würde ich mit Jens vermutlich Witze darüber reißen, frei nach dem Motto: Es ist reingekommen, also kommt es auch wieder raus. Haha. Selten so gelacht. Leider ist mir das Lachen in den vergangenen Stunden völlig abhandengekommen.

Irgendwann kapituliere ich. »Ich halte die Schmerzen nicht mehr aus«, sage ich der Hebamme matt. Scheiß drauf, dass ich mir vorgenommen hatte, ohne medikamentöse Unterstützung zu entbinden. Diese körperlichen Qualen erträgt kein normaler Mensch.

Sie nickt, legt mir einen Zugang. Als die PDA zu wirken beginnt, kann ich zum ersten Mal durchatmen.

Dann geht es weiter. Stunde um Stunde. Die Wehen kommen, die Wehen gehen. Ich merke, dass mir die Kräfte schwinden. Irgendwann, ich weiß nicht, ob ich seit Stunden, Tagen oder Wochen hier liege, tritt wieder die Hebamme ans Bett.

»Die Herztöne des Kindes werden schwächer. Wir kommen nicht mehr weiter.«

Meine Lider fühlen sich an, als wären sie mit Sandsäcken beschwert. Ich will schlafen. Vielleicht war das mit dem Baby doch keine so gute Idee.

»Und was bedeutet das?«, will Jens wissen, der neben dem Bett steht und mir die Hand hält.

»Wir müssen einen Kaiserschnitt vornehmen.«

Schlagartig bin ich wach. Einen Kaiserschnitt? Moment. Nein, nein, nein, das kommt in meiner perfekten Geburt nicht vor! Tausend Mal bin ich in den vergangenen Monaten gedanklich das Ereignis durchgegangen, aber ein Kaiserschnitt war keine Option – nie! Ich will natürlich gebären. Die PDA war ein Entgegenkommen meinerseits. Ich habe mich erst dazu durchgerungen, als ich meinte, wegen der Schmerzen verrückt zu werden. Über einen Kaiserschnitt habe ich niemals nachgedacht – mehr noch, er existierte schlichtweg nicht. So war das alles nicht geplant!

Jens drückt meine Hand. »Isa? Ist das okay?«

Die Hebamme verzieht das Gesicht, als wollte sie sagen: *Ehrlich gesagt habe ich Sie nicht um Ihr Einverständnis gebeten.*

Ich spüre, wie Tränen in meine Augen steigen. Ich will keinen Kaiserschnitt, will nicht aufgeschnitten werden, habe Angst davor. Selbst in meiner romantischsten Vorstellung war mir natürlich klar, dass die Geburt kein Sonntagsspaziergang werden würde. Aber diese Schmerzen, die Qualen, nein, die habe ich mir nicht vorstellen können. Oder wollen. Und jetzt das. Ein Kaiserschnitt. Er kommt mir vor wie ein Eingeständnis: Ich hab's nicht drauf. Schwanger werden konnte ich ewig lange nicht. Und ein Kind kriegen kann ich offenbar auch nicht. Am besten, ich schminke mir das mit dem Mamasein gleich ganz ab. Wenn es schon dermaßen beschissen beginnt, kann es eigentlich gar nicht mehr gut werden.

Jens streichelt meine Hand. »Isa, es ist das Beste.«

Eine Viertelstunde später hat sich die Welt um mich herum völlig verändert. Beinahe kommt es mir so vor, als ob ich die vergangenen achtzehn Stunden in einem weichgezeichneten Lala-Land verbracht habe, und jetzt hat man mich dorthin gebracht, wo das echte Leben spielt.

Ich befinde mich in einem steril riechenden, kühlen Operationsraum, dessen Wände nicht in zartem Gelb gehalten und mit Bildern dekoriert sind. Es stehen keine großen Pezzibälle herum, es hängen keine bunten Tücher von der Decke, an denen sich die gebärenden Frauen beim Pressen festhalten können. Das Einzige, was mich von der Decke herab anblickt, ist die große OP-Lampe mit ihren sieben gleißenden, kalt wirkenden Augen. Sie sieht aus wie ein großes, neugieriges Insekt, das den Blick auf mich gerichtet hat.

Sie haben ein Tuch über meinem Busen aufgespannt, damit ich nicht sehe, was dahinter passiert. Mit Entsetzen habe ich noch mitbekommen, dass sie meine Arme fixieren, was vermeiden soll, dass ich mir reflexhaft an den Bauch fasse und die Wunde verunreinige oder dass die Arme von der Narkose zu zittern anfangen. Ich komme mir vor wie bei einem medizinischen Experiment und bin mir sicher, diesen schrecklichen Augenblick nie mehr zu vergessen. Immerhin sind die Schmerzen weg, denn die PDA wurde hochgedreht und lullt mich in eine tröstende Taubheit.

Jens sitzt auf meiner Seite des Tuchs. Wir hier, die da drüben. Kein Graben, der uns trennt, aber eine sichtbare Barriere, die uns fernhält. Und schützt. Jens drückt fest meine Hand. Er sieht genauso überfordert aus, wie ich mich fühle.

»So wollte ich das nicht«, murmele ich verzweifelt.

Er streichelt mir über den Kopf, küsst mich. »Ich weiß.«

Dann beginnt das Rütteln. Im ersten Moment bin ich nicht in

der Lage, es zu lokalisieren. Was passiert da? Ist was mit der Liege nicht in Ordnung? Dann begreife ich: Es sind die Ärzte, die meinen Bauch aufschneiden und ziemlich unsanft das Baby aus mir holen.

Mir wird schlecht. Während mein tauber, bewegungsloser Körper unter den Eingriffen bebt, schließe ich die Augen und versuche, mich an einen anderen Ort zu träumen. Sri Lanka. Die Malediven. Thailand. Palmenstrände. Kokosnüsse mit Strohhalmen. Füße im Sand. Lauwarmes, türkisfarbenes Wasser.

»Frau Horn? Ihr Kind!«

Ich schlage die Augen auf, blinzele gegen die Helligkeit, erblicke das verkrumpelte, schleimige Neugeborene, das mir der Arzt wie eine Trophäe hinhält. Einen Wimpernschlag später ist er weg. Meine Tochter nimmt er mit.

Und ich spüre nichts.

15

Ein leises Quengeln reißt mich aus dem leichten, wenig erholsamen Schlaf. Im ersten Moment kann ich mich nicht orientieren, weiß nicht, wo ich bin. Der Raum ist dunkel, mir ist warm. Ich atme zweimal tief ein und aus. Dann fällt es mir wieder ein. Das Krankenhaus. Die Geburt von Ella vor zwei Tagen. Fast 24 Stunden Wehen. Und ich bin immer noch hier.

Das Bett, in dem Jens die letzten zwei Nächte geschlafen hat, ist leer. Er ist gestern Abend nach Hause gefahren, wollte ein paar frische Kleider holen, sich mal richtig ausschlafen, damit er mir morgen die Kleine wieder stundenweise abnehmen kann.

Das Quengeln wird lauter, Ella will trinken. Mein Blick fällt auf die Uhr, es ist kurz nach drei, erst vor einer Stunde hat sie mich geweckt, und ich habe sie angelegt. Die Milch ist schon da, aber unsere Tochter wird offenbar nicht satt. Zumindest nicht lang genug, als dass ich auch nur für ein paar Stunden mal in so etwas wie einen erholsamen Schlaf fallen könnte.

Okay, dann also eine neue Runde Stillen. Die Milchbar ist eröffnet!

Vorsichtig versuche ich, mich aufzurichten. Da schießt ein elendiger Schmerz tief in meinen Unterleib. Ich halte vor Schreck die Luft an, scheiße, die Narbe! Wie bei den Wehen beginne ich, den Schmerz wegzuatmen, lasse mich langsam wieder in die Kissen sinken. O Gott, ist das fürchterlich. Davon stand in meinem tollen Plan nun wirklich nichts geschrieben.

Meine Hand tastet nach der Bedienung fürs Bett. Wenn ich das Kopfteil etwas höherstellen kann, wird es leichter, mich aufzurichten und Ella zu mir zu holen. Aber ich finde die Bedienung nicht. Immer hektischer suche ich nach dem blöden Ding, kriege es nicht zu fassen, nicht einmal das Kabel bekomme ich zwischen die Finger. Irgendwann gebe ich auf. Dann eben Zähne zusammenbeißen und es aus eigener Kraft versuchen.

Ein weiteres Mal beuge ich den Oberkörper vor, krümme mich zusammen, versuche, mich hinzusetzen, und erneut ist der Schmerz so schneidend, dass mir beinahe schwarz vor Augen wird. Es klappt nicht. Ich komme nicht hoch. Ella wird immer ungeduldiger. Ihr Quengeln ist mittlerweile zu einem Weinen geworden, das mir das Herz zerreißt. Nicht mal das kriege ich hin. Und dabei dachte ich zeit meines Lebens, ich wäre die geborene Mutter.

Ich wollte immer Mama sein. Schon als Kind habe ich mich um meinen jüngeren Bruder gekümmert. Oder Regenwürmer aus dem Garten in meinen Puppenkinderwagen gelegt, zugedeckt und durch die Gegend gefahren. Ich habe stets gedacht, wenn ich eines Tages endlich ein Kind in den Armen halte, werde ich mich vollständig fühlen, komplett. Gebraucht.

Stattdessen fühle ich mich völlig nutzlos.

Ella weint lauter, und auch mir ist zum Heulen zumute. Einerseits wegen der Narbe, die brennt und sticht, vor allem aber, weil ich mich wie eine Versagerin fühle. Wenn ich jetzt die Nachtschwester rufen muss, weil ich nicht mal in der Lage bin, mein Kind, nein, Korrektur: *mich* allein aus dem Bett zu heben, hält die mich doch für total bescheuert. Warum stellen die das Babybett auch so weit weg? Wie soll man mit einer frischen OP-Wunde da überhaupt hinkommen?

Reg dich ab, Isa, sagt eine vernünftige Stimme in meinem Ohr. Selbst wenn sich das Bett direkt neben deinem befände, könntest du dich ohne fremde Hilfe nicht zur Seite drehen und Ella stillen.

Es hilft nichts. Ich muss einsehen, dass ich es allein nicht schaffe. Wo ist der Pieper, mit dem ich die Schwester holen kann? Mein Blick wandert übers Bett auf den Nachttisch. Dann nach oben zum Trapez, an dem man sich, haha, hochziehen kann. Da hängt das blöde Ding. Wollen die mich eigentlich verarschen?

Ellas Weinen wird drängender. Immerhin, denke ich in diesem Augenblick lakonisch: Ist auch eine Form des Alarms. Irgendwann wird die Nachtschwester das Weinen hören. Dann wird sie kommen, mich für eine Rabenmutter und ein Weichei halten, mir missmutig aufhelfen, weil ich ihre wichtige Arbeit wegen einer Lappalie aufhalte, und den Kolleginnen der Tagschicht bei der Übergabe in ein paar Stunden erzählen, dass diese Prominenten sich echt für was Besseres halten.

Fuck! Ich sinke zurück auf die Matratze. Habe das Gefühl, nicht nur die Kontrolle über meinen Körper, sondern auch über meinen freien Willen und mein Leben verloren zu haben. Nichts ist so, wie ich es mir ausgemalt habe. Nichts. Nicht das Schwangerwerden, nicht die Geburt und, vielleicht das Schlimmste, nicht die Gefühle für mein Kind. Selbst für die verdammten Regenwürmer habe ich mehr empfunden als für Ella, die ich doch so herbeigesehnt habe. Was stimmt nicht mit mir? Wo sind die Muttergefühle, von denen immer alle reden? Bin ich wirklich so kaputt, dass ich keine Liebe für mein eigenes Baby empfinden kann? Und wenn ich sie nicht so lieben kann, wie ich will, sie nicht satt bekomme mit meiner Milch, wenn ich es noch nicht einmal schaffe, meinen beschissenen Körper aufzurichten und sie zu trösten, wenn sie weint: Was für eine Mutter bin ich dann, um Gottes willen?

Als sich die Tür zum Krankenzimmer öffnet, wische ich mir hastig Tränen und Rotz vom Gesicht. Kaum zu glauben, aber ich fühle mich sogar noch bescheidener als vor zehn Minuten.

Die warme Hand der Nachtschwester legt sich auf meinen Unterarm. »Ganz ruhig, wir kriegen das hin«, redet sie besänftigend auf mich ein. »Die Narbe, hm? Und dann ist auch noch die blöde Fernbedienung auf den Boden gefallen. Tief durchatmen. Gemeinsam kriegen wir das alles hin.«

Da wäre ich mir allerdings nicht so sicher.

16

Was habe ich nur getan? Seit drei Wochen sind wir zu Hause. Jens verlässt morgens die Wohnung, und ich bin allein mit Ella. Im Wochenbett. Niemals in meinem Leben habe ich mich so nutzlos und unfähig gefühlt. Selbst einfachste Dinge bereiten mir unglaubliche Mühe. Die Spülmaschine einräumen? Reine Willenskraft. Mir etwas zu essen kochen? Völlig ausgeschlossen. Ich schaffe es gerade so, die Lebewesen in unserem Haushalt nicht verhungern zu lassen und mir alle zwei Tage die Haare zu waschen. Für mehr bin ich nicht zu gebrauchen.

Bis gestern war meine Mutter da. Sie hat auf mich eingeredet, mir gesagt, dass es absolut normal sei, mit der Situation erst einmal überfordert zu sein: »Ich weiß, wie du dich fühlst«, hat sie gesagt. »Vor Kurzem warst du noch ein aktiver Mensch, selbstbestimmt und frei, und jetzt bist du davon abhängig, dass dir andere Suppe kochen.«

Aber es ist mehr als das. Die Verantwortung, die ich für Ella trage, macht mich fertig. Und nein, es hilft nicht, dass ich vorher zwei Katzen hatte. Auch wenn die versorgt werden wollten, haben sie doch niemals diese Aufmerksamkeit von mir verlangt wie unser Neugeborenes.

Die Narbe ist zwar einigermaßen verheilt, aber ich fühle mich unendlich müde. Das liegt am Schlafentzug, klar, an der ständigen Überforderung und der Sorge, irgendetwas falsch zu machen. Aber auch an meinem Gewichtsverlust. Andere Frauen feiern jedes Pfund, das sie nach der Geburt loswerden, aber ich habe den Eindruck, überhaupt keine Kraft mehr zu haben und von einer permanenten Wolke der Müdigkeit umwabert zu werden, die sich einfach nicht vertreiben lässt.

Mein Tagesablauf wird von den Bedürfnissen des Babys bestimmt. Ich stehe auf, wenn sie wach wird, schlafe, sobald sie die Augen zumacht. Meine Duschzeit hat sich auf anderthalb Minuten verkürzt, Ella liegt in der Zeit in der Wippe im Bad und schreit sich die Seele aus dem Leib. Sie hat Hunger, denn das Stillen will immer noch nicht wirklich klappen.

»Füttere zu«, sagt meine Hebamme ein ums andere Mal. »Wenn es nicht funktioniert, kannst du es nicht erzwingen!«

»Das kann doch nicht so schwer sein«, meckere ich und tadele mich im selben Moment für meine Unfähigkeit, eine bessere Mutter zu sein. Da mutiere ich schon zur Muttermaschine, gebe mein Leben auf, tue nichts anderes als zu umsorgen und zu pflegen, zu wickeln, zu trösten, zu wippen und zu streicheln, und trotzdem fühlt sich alles grundverkehrt an.

Was habe ich getan? Mein Leben ist vorbei. Wieso habe ich uns das eingebrockt? Weshalb wollte ich unbedingt ein Kind? Kann man das irgendwie wieder rückgängig machen? Wieder reinstecken – ach nein, lieber nicht.

Mein schlechtes Gewissen Ella gegenüber reicht ins Unendliche. Sie hat eine Mutter wie mich nicht verdient. Niemand hat das.

Zu keiner Sekunde meines Lebens habe ich auch nur einen Gedanken daran verschwendet, dass es keinen Spaß machen könnte, ein Kind zu haben. Die Schattenseiten des Mutterseins habe ich einfach ausgeblendet, auch wenn es genug Frauen in meinem Umfeld gab, die mich warnten.

»Stell es dir nicht zu romantisch vor. Es ist ein Fulltime-Job – ohne Bezahlung oder Aufstiegsmöglichkeit!«

Von wegen, dachte ich damals.

Hätte ich euch doch besser mal geglaubt, denke ich heute.

In meiner rosaroten Traumwelt gab es keinen Schlafentzug. Keine schmerzende Kaiserschnittnarbe, keine entzündeten Brustwarzen, keine vollen Windeleimer. Es gab nur Jens, mich und das Baby, das friedlich schlummernd in seinem Bettchen lag, während wir es von oben bis unten bestaunen und überlaufen vor Liebe.

Ich bin seit drei Wochen nicht mehr allein auf die Toilette gegangen. Denn immer, wenn ich den Raum verlasse, fängt Ella an zu brüllen. Also nehme ich sie mit, allen zunächst befremdlichen Gefühlen zum Trotz. Und dann, eines Tages, als ich auf der Schüssel sitze, mein Geschäft verrichte und unsere Tochter wieder zu meckern anfängt, schießt mir ein Gedanke in den Kopf: Ab jetzt bist du nicht mehr allein. Das hört nie wieder auf. Privatsphäre? Träum weiter.

Ich weiß wirklich nicht, warum ich diesen Gedanken ausgerechnet jetzt und ausgerechnet jetzt zum ersten Mal habe. Doch ich verstehe sofort: Mein Leben hat sich völlig verändert. Und es wird nie wieder so sein, wie es einmal war.

»Aber es wird besser«, versichert mir die Hebamme. »Es kommt alles wieder, Stück für Stück. Hab Geduld.« Sie sieht mich prüfend an. »Dein Baby ist keine Lampe, die du ein- und ausschalten kannst. Sie ist auch neu in dieser Welt.«

Vermutlich fühlt sie sich genauso einsam wie ich, weil ich ihr nicht geben kann, was sie braucht.

Eines Tages bin ich so von meiner Trübsal angewidert, dass ich beschließe, dass es so nicht weitergehen kann. Ich muss die Kontrolle über mein Leben zurückbekommen. Andere Frauen schaffen das doch auch. In manchen Ländern gehen frischgebackene Mütter nach zwei Wochen wieder arbeiten. Also stell dich nicht so an, Isa!, schimpfe ich mit mir und reiße mich am Riemen. Ich mache mir eine Liste mit den Dingen, die ich erledigen muss. Das Chaos in der Wohnung macht mich fertig, und es wird Zeit, dass ich mit dem Jammern aufhöre.

Also stehe ich auf, jeden Morgen, noch vor Ella. Werfe eine Schmerztablette ein, räume die Bude auf, springe unter die Dusche, versorge Ella, packe sie in den Kinderwagen, mache einen langen Spaziergang mit ihr, gehe einkaufen, koche etwas zum Mittagessen, verabrede mich mit Freundinnen. Langsam komme ich in einen Rhythmus, der mir Sicherheit vermittelt und das Gefühl, die Kontrolle zurückzubekommen.

Doch die Kontrolle ist eine Illusion. In dem Leben, das ich mir zurückerobere, gibt es keinen Weichzeichner, und das Einzige, das rosarot ist, sind Ellas Strampler. Die Nächte sind nach wie vor schlimm, und kaum dass ich mal für einen Augenblick innehalte, drückt mir die Traurigkeit beinahe die Luft zum Atmen ab. Also halte ich mich in Bewegung. Laufe, obwohl ich mich laut meiner Hebamme ausruhen soll. Haste weiter, weil ich Angst habe, anzuhalten. Jeden Abend überfällt mich die Verzweiflung. Sie wartet geduldig den ganzen Tag über im Schatten, und wenn Ella dann schläft und Jens zum Sport geht, nimmt sie von mir Besitz.

Warum bin ich nicht glücklicher? Wie kann es sein, dass ich endlich das habe, was ich mir immer wünschte, und mich trotzdem so beschissen fühle?

17

Beinahe acht Wochen halte ich durch. Irgendwie gelingt es mir, die Fassade aufrechtzuerhalten, dass es mir gut geht. Nur wenn ich allein bin, bricht die Welt über mir zusammen. Dann fühle ich mich antriebslos, traurig, überfordert. Ich erinnere mich an die Zeit vor fast vier Jahren, als ich meinen Job bei »GZSZ« verlor – aber es ist wie verhext, mir will einfach nicht mehr einfallen, wie ich mich mit Claudias Hilfe aus dem Loch wieder herausgeschaufelt habe. Selbst wenn ich es wüsste: Mir würde die Energie fehlen, all die Dinge umzusetzen, die sie mir damals geraten hat. Ich bin ja froh, dass ich meinen Alltag wieder einigermaßen auf die Kette kriege und nicht mehr vergammelt im Jogginganzug durch die Wohnung schlurfe, voller Ekel vor mir selbst.

Bei einem unserer letzten Treffen fragt mich die Hebamme: »Und wie geht es dir? Erzähl doch mal. Am Anfang war es ja nicht leicht für dich. Ist es besser geworden?«

Wie im Reflex öffne ich den Mund, will ihr versichern, dass alles bestens ist. Aber es scheint, dass mein Vorrat an Zusammenreißen aufgebraucht ist. Plötzlich bricht es aus mir heraus.

»Ich weiß einfach nicht, was los ist«, beginne ich zu schluchzen. »Ich sollte doch glücklich und froh sein, dass ich ein gesundes Kind habe. Aber es geht mir schlecht. Ich kann nicht aufhören zu weinen.«

Die Hebamme sieht mich nachdenklich an. »Du hast dir sehr viel zugemutet in den ersten Wochen. Erinnerst du dich daran, was ich dir über das Wochenbett gesagt habe?«

Ich nicke, fühle mich ertappt wie beim Schulstreich. »Es heißt Wochenbett, weil man sich von der Geburt erholen soll.«

»Hm«, macht die Hebamme.

»Ist es normal, dass man so traurig ist, wenn man ein Kind kriegt?«, weine ich weiter, und die Tränen laufen unkontrolliert über meine Wangen.

»Nein«, antwortet sie leise. »Ich glaube, du solltest mal mit jemandem sprechen.«

Ich ziehe die Nase hoch. »Was? Wieso?«

»Weil du möglicherweise an einer postnatalen Depression leidest, Isa.«

»Was ist denn los mit dir?« Jens wirkt verzweifelt, als ich ihm an diesem Abend von meinem Gespräch mit der Hebamme erzähle. Er kennt mich nicht so. Klar, ich habe ihm bei unserem Kennenlernen erzählt, dass ich nach dem Ende von »Gute Zeiten, schlechte Zeiten« in ein Loch gefallen bin. Wie tief dieses Loch war und wie dunkel, das konnte er sich nicht vorstellen. Auch nicht, zu welch negativen Gefühlen ich fähig bin. So hat er mich nicht erlebt – so habe selbst ich mich erst einmal erlebt, und auch mich hat mein Zustand damals bis ins Mark erschüttert. Niemals hätte ich gedacht, dass es mir noch einmal so schlecht gehen könnte.

Ich versuche meinem Freund zu erklären, was in mir vorgeht. Wie sehr sich die Realität von meiner Vorstellung unterscheidet.

Wie belastend jeder einzelne Tag für mich ist, vor allem weil Ella seit einer Woche fast nicht schläft, und ich dementsprechend auch nicht. Und, beinahe am schlimmsten: wie schuldig ich mich ihm gegenüber fühle. Jens hat immer gesagt, er könne auch ohne Kinder glücklich werden. Er liebt Ella, er liebt das Vatersein, keine Frage. Aber ich habe ihn in etwas gedrängt. Es war mein Antrieb, unbedingt jetzt ein Baby haben zu wollen. Welches Recht habe ich, ihm jetzt auch noch meinen Zustand aufzuladen? Wenn er allein hätte entscheiden können, würde es mir heute vermutlich nicht so gehen. Ich würde immer noch bei »Alles was zählt« mitspielen, wir würden tolle Reisen an exotische Orte machen, würden in einer schicken Wohnung leben und in den besten Restaurants der Stadt dinieren. Seine Freundin wäre witzig, unterhaltsam, schön – und nicht so ein bemitleidenswerter, abgemagerter Haufen Elend.

Ich schäme mich so, dass ich es kaum in Worte fassen kann. Ich bin nicht mal in der Lage, Ella so zu lieben, wie sie es verdient hat. Es kommt mir beinahe ironisch vor, dass mein YouTube-Channel, auf dem ich jede Woche ein Video mit meinen Fans teile, »The Isi Life« heißt. Von wegen easy! Gar nichts ist easy, jeder Tag ist ein Kampf, vor allem gegen mich selbst und diese unendliche Müdigkeit. Und das, obwohl mir Jens sogar manche Nächte abnimmt und sich allein um Ella kümmert. Da wir das Projekt Stillen aufgegeben haben und sie die Flasche bekommt, ist das zum Glück möglich.

»Ich sage den Urlaub mit meinen Kumpels ab«, beschließt er kurzerhand. »Ich bleibe hier.«

»Nein, bitte. Du arbeitest jeden Tag so viel, und wenn du nach Hause kommst, musst du dich um deine Versager-Freundin kümmern.«

»Isa! Jetzt mach mal einen Punkt.« Er wirkt beinahe wütend.

Es ist offensichtlich, dass er meine Gedanken nicht nachvollziehen kann.

Eine Weile diskutieren wir noch, aber ich kann ihn überzeugen zu fahren. Für mich wäre es der ultimative Beweis, dass ich als Mama unfähig bin, würde Jens diese Woche zu Hause bleiben und mich umsorgen, statt etwas für sich zu tun. Ich schwöre ihm, mich sofort zu melden, wenn es nicht mehr geht, damit er heimkommen kann. Aber so weit werde ich es nicht kommen lassen. Das verspreche ich mir.

Keine 48 Stunden später bin ich bereit, mein Versprechen zu brechen. Ich bin allein mit Ella, an der meine Stimmung offensichtlich auch nicht vorbeigeht. In den Nächten weckt sie mich drei bis vier Mal, will trinken, schläft nur schlecht wieder ein. Die Tage ziehen sich hin wie Kaugummi, ich fühle mich wie ein Zombie. Ein Baby-Versorgungs-Roboter. Ich funktioniere, mache weiter, bemühe mich, nicht im totalen Chaos zu versinken.

Kontrolle, ich brauche die Kontrolle.

Es ist Sonntagnachmittag, als mir einfällt, dass ich meinen Followern noch ein Video schuldig bin. Einmal die Woche möchte ich etwas posten – das ist mein Mindestanspruch. Ich habe bereits über Wachstumsschübe, Mami-Alltag und den Inhalt meiner Wickeltasche gesprochen. Besonders hart ist für mich, meine wahren Gefühle nicht zu zeigen, wenn ich ein Video aufnehme. Nicht, weil ich den Wunsch habe, mich anders zu geben, als ich bin. Sondern eher, weil ich mir selbst nicht eingestehen möchte, in welch desaströser Verfassung ich mich abseits des Video-Channels befinde. Ich bin Isa, das Sonnenkind! Die gut gelaunte, optimistische Isa, die alles wuppt. Nicht das Nervenbündel mit den verquollenen Augen und den Nerven am Ende.

Obwohl ich dankbar über die Möglichkeit bin, mein Leben

mit Menschen zu teilen, die sich dafür interessieren, und solch wohlwollende Fans zu haben, ist es in manchen Situationen nicht leicht, authentisch zu sein. Genau diese Authentizität ist aber das wichtigste Gut in den Sozialen Medien. Man soll echt wirken, nahbar, real – nur halt bitte nicht zu sehr. Eine feine, unsichtbare Linie verläuft zwischen der Isa, die ich privat bin, und der, die sich in ihren Medien zeigt. Würde ich alles von mir präsentieren, aufmachen, wie man so schön sagt, würden sich die Leute von mir abwenden, da bin ich mir sicher. Die Fans, die Follower, die Werbepartner. Wer hat schon Bock, einer heulenden Kuh mit auslaufenden Brüsten bei der Selbstbemitleidung zuzuschauen?

Es ist ein ewiger Tanz auf einem über die Badewanne gespannten Seil, den laufenden Fön in der Hand. Das echte Leben, ja gern, aber bitte gefiltert und nur das, was der eigenen Marke guttut. Fuck it! Worüber soll ich bitte ein positives Video aufnehmen? Die letzte Woche war von nichts anderem als meinen Versagensängsten und dem Schlafmangel bestimmt.

Dreimal schalte ich die Aufzeichnung an, dreimal schalte ich die Kamera wieder ab. Denn jedes Mal, wenn ich meinen Blick auf die schwarze Linse der Kamera richte und anfangen möchte zu reden, quellen Tränen aus meinen Augen. Ich bin einfach so scheißunglücklich! Vielleicht muss das erstmal raus, bevor ich ein richtiges Video aufnehmen kann. Eines, das ich dann auch posten kann. Ich beschließe also, meinen Gefühlen zunächst freien Lauf zu lassen und mir alles von der Seele zu reden, was in mir vorgeht. Im Anschluss überlege ich, was ich wirklich aufnehme.

Eine Viertelstunde später fühle ich mich freier. Es hat gutgetan, meinen Zustand in Worte zu packen. Ella war während der Aufzeichnung zum ersten Mal seit Tagen ruhig, hat nicht gebrüllt, sondern im Kinderbettchen hinter mir gelegen und neugierig das Mobile bestaunt. Jetzt weint sie wieder, und ich habe keine Zeit mehr, ein weiteres Video aufzunehmen.

Vielleicht soll es so sein. Vielleicht soll ich genau das hochladen. Die (wortwörtlich) ungeschminkte Wahrheit. Und meine Verzweiflung. Für mich selbst wäre es eine enorme Erleichterung, wenn nicht nur superduper glückliche Muttis in meinem Umfeld wären, die das Mamasein LIEBEN und sich nichts Schöneres vorstellen können. Ich habe oft das Gefühl, die einzige Frau auf diesem Planeten zu sein, die durch die Geburt nicht in den Himmel, sondern in die Hölle katapultiert wurde. Vermutlich ist das Quatsch, es muss ja, rein statistisch gesehen, noch mehr Mamas geben, denen es geht wie mir. Und wäre es nicht schön, denen zu zeigen: Du bist nicht allein. Es ist nicht immer alles rosarot und weichgezeichnet, im Gegenteil.

Dann kommen die Zweifel. Soll ich das wirklich online stellen? Es könnte der größte Fehler meines Lebens sein. Die Öffentlichkeit könnte mich durch den medialen Fleischwolf drehen. Ich sehe die Schlagzeilen der Boulevard-Medien schon vor mir: RABENMUTTER ISABELL HORN! Ich werde nie mehr einen Job bekommen. Freunde werden sich von mir abwenden. Wer mag bitte Menschen, die ihre Kinder nicht richtig lieben?!

In meinem Innenohr ertönt die ruhige, vernünftige Stimme, die ich schon häufiger gehört habe: »Isa, das ist doch Quatsch. Du liebst Ella. Aber du liebst das Mamasein nicht so sehr, wie du es dir vorgestellt hast. Das ist okay. Und du bist nicht die Einzige. Trau dich. Zeig der Welt, wer du bist. Nur dann kann sie verstehen, was in dir vorgeht.«

Als Ella das nächste Mal einschläft, setze ich mich ans Video und schneide es zusammen. Mein verheultes Gesicht sieht fürchterlich aus, und nicht nur einmal erwäge ich, alles abzublasen.

Doch ich arbeite stoisch weiter, lade das Video hoch, schreibe eine Subline. Der Cursor schwebt über dem Button »Veröffentlichen«. Mache ich das wirklich? Ich will keine Heuchlerin sein, möchte mich nicht verstellen und so tun, als wenn alles bombe wäre, wenn ich in Wahrheit kurz vor einem Nervenzusammenbruch stehe. Dann sollen sie mir doch die Werbeverträge aufkündigen! Wenn sie mich nicht in meiner wahrhaftigsten Version ertragen, brauche ich sie nicht.

Einmal tief durchatmen. Ich drücke auf den Button. Vorhang auf für Von-wegen-Isi.

18

»Isabell«, sagt Claudia, als sie mir die Tür öffnet und mich hineinbittet.

Es ist mir unangenehm, dass ich schon wieder bei ihr aufschlage. Vor zweieinhalb Jahren hat sie mir nach dem Ende bei »GZSZ« geholfen. Heute kann sie mir hoffentlich erklären, was in meinem Kopf los ist. Und ein bisschen schäme ich mich dafür, dass ich es nicht allein auf die Reihe gekriegt habe.

Die Veröffentlichung des Videos, in dem ich hemmungslos weinend von den schwierigen Momenten im Mami-Alltag berichte, ist einer der Gründe, warum ich hier bin. Nachdem ich den Clip hochgeladen hatte, musste ich mich wieder um Ella kümmern. Das Handy legte ich irgendwo hin und vergaß es. Erst viel später an diesem Sonntag, als unsere Tochter endlich eingeschlafen war und ich völlig erschöpft, ausgeweint und am Ende meiner Kräfte auf die Couch sank, nahm ich das Handy wieder zur Hand.

Mein Mailfach explodierte förmlich. Ich weiß heute nicht mehr, wie viele Nachrichten mich an diesem Abend und in den kommenden Tagen erreichten. Es müssen Hunderte gewesen sein. Fans schrieben mir, bedankten sich für meine Ehrlichkeit, berichteten von eigenen Erfahrungen, die sich von meinen kaum unterschieden. Kolleginnen drückten ihr Mitgefühl aus, versicherten mir, dass es ihnen zeitweise nicht anders ging mit ihren Kindern. Und dann die Medien. Ich hatte unzählige Interviewanfragen von Boulevardblättern und Journalisten, die mit mir über meine Situation sprechen wollten. Es war verrückt! Ich hatte doch nichts anderes getan, als für einen Moment aufzuhören, Isa-macht-das-schon zu sein. In einer schwachen Sekunde habe ich der Welt erlaubt, einen Blick auf mein authentisches Inneres zu werfen. Und die Reaktionen waren überwältigend.

Klar, es gab auch diejenigen, die sich über mich lustig machten. Oder mich mit Häme überschütteten. Die mir mit vor Schadenfreude triefenden Worten von ihrem Alltag mit drei, vier oder fünf Kindern und einem inkontinenten Labrador erzählten, wohl um mir das Gefühl zu geben: *Schätzchen, jammere du bloß nicht rum!* Aber diese Stimmen waren in der Minderheit. Der Großteil der Nachrichten war voller Anteilnahme und Liebe.

Und: Dankbarkeit. Weil ich über etwas gesprochen habe, das fast nie jemand erzählt. Weil ich gesagt habe, dass ich mit den Nerven am Ende bin. Weil ich zugegeben habe, dass Mamasein nicht immer Spaß macht.

Ich spürte mit einem Mal, dass ich nicht allein mit meinen Sorgen war, eine schlechte Mutter zu sein. Und dann dachte ich: Warum meinst du, allein durch diese Phase gehen zu müssen? Du hast dir doch schon mal Hilfe geholt, als es nicht mehr ging.

Jetzt bin ich hier, bei Claudia. Sie hat sich sofort Zeit für mich genommen und mich irgendwie in ihren Kalender reingequetscht. Wieder sitze ich in diesem freundlichen Raum, der kein bisschen wie eine psychologische Praxis aussieht und mir nicht das

Gefühl vermittelt, zwei Schritte von der Zwangsjacke entfernt zu sein. Mein Blick wandert über den kleinen Tisch, der neben dem Sessel steht, in dem ich sitze. Die Karaffe mit Wasser. Zwei Gläser. Und eine Packung Taschentücher. Ja, die werden wir vermutlich brauchen.

»Also«, sagt Claudia, nachdem sie sich gesetzt hat. »Wo drückt der Schuh?«

Ich fange an zu erzählen. Berichte ihr von der langen Zeit, in der ich darauf wartete, schwanger zu werden, und den vielen Bildern in meinem Kopf, die ich mir vom Mamasein machte. Auch die Geburt lasse ich nicht aus, die vollkommen anders ablief, als ich es mir je hätte träumen lassen. Und die Wochen danach. Das Dauer-Gefühl der Überforderung. Die Verantwortung für dieses kleine Wesen, die auf mir lastet. Und die Angst, nie wieder ein selbstbestimmtes Leben führen zu können. Ich weiß nicht, wann ich angefangen habe zu weinen, aber es ist, als ob ich einen Wasserhahn aufgedreht hätte. Die Tränen fließen einfach so aus mir raus, und ich halte sie nicht zurück, auch wenn ich am Ende der Stunde vermutlich dehydriert bin.

»Zunächst einmal«, sagt Claudia ruhig und hält mir ein weiteres Taschentuch hin, »sollst du eines wissen. Du bist keine Rabenmutter, weil du dir wünschst, Zeit für dich zu haben und nicht jede Minute deines neuen Alltags liebst.«

Ich schnäuze mich laut. Dann gebe ich mit leiser Stimme zu: »Manchmal weint Ella so laut, dass ich sie schütteln will.« Ich schaue Claudia mit weit aufgerissenen Augen an. »Schütteln! Kannst du dir das vorstellen? Welche Mutter denkt sowas?«

»Viel mehr, als es zugeben.« Sie lächelt milde. »Es ist okay, wenn du das manchmal denkst. Du tust es ja nicht. Solche Gedanken zu haben, zeigt, wie sehr du dich unzulänglich und überfordert fühlst.«

»Das glaube ich nicht«, erwidere ich entschieden.

»Ich weiß es aber«, antwortet Claudia. »Denn diese Frauen kommen manchmal auch zu mir in die Praxis.«

»Wirklich?« Ich schaue sie zweifelnd an, und sie nickt.

»Es zu denken, ist in Ordnung. Es zu tun, nicht. Und du bist ja zu mir gekommen, um dir Hilfe zu holen, damit es nicht passiert, dass du deinem Kind Schaden zufügst.«

Ich weiß nicht recht. In meinem Freundeskreis hat noch nie jemand so etwas gesagt – dass er sein Kind schütteln will. Dass er die Zeit ohne Kinder zurückwünscht. Bei allen ist immer alles gut. Es gibt keine Probleme. Ein bisschen ist es wie beim Schwangerwerden, das scheint ja auch bei allen in Nullkommanix zu klappen. Oder beim Stillen. Niemand erzählt, wie schwer es sein kann, schwanger zu werden. Dass man Fehlgeburten haben kann. Dass es mit dem Kind vielleicht ganz anders ist, als man dachte.

Claudia zuckt mit den Schultern, als ich ihr meine Gedanken mitteile. »Vieles ist anders, als wir es uns vorgestellt haben. Es gibt einiges, über das wir überhaupt keine Kontrolle haben. Viele Mythen ranken sich ums Muttersein. Mütter, die ihre Kinder wirklich schütteln, sind auch nicht einfach Monster. Es ist eher so, dass sie ihre eigene Bedürftigkeit nicht annehmen, nicht ertragen können, was in ihnen hochkommt, wenn das Kind schreit. Nur weil die wenigsten über ihre gar nicht so glücklichen Muttergefühle reden, heißt es nicht, dass sie nicht da sind.«

»Du meinst also, auch bei anderen ist nicht immer alles toll?«

Claudia lacht. »Das meine ich nicht nur, das weiß ich.«

Darüber denke ich eine Weile nach. Es fühlt sich gut an, von einer außenstehenden Person zu hören, dass ich offenbar nicht total plemplem bin und mein Kind nicht verdient habe. Und trotzdem: Es ist so anders, als ich dachte. Das Mamasein. In meinem Bestellformular stand: Rosa Wolken. Bekommen habe ich immer etwas anderes. Und die Rückgabefrist ist längst abgelaufen.

»Sich das einzugestehen, dass man eine andere Vorstellung von etwas hatte, ist sehr schmerzhaft«, gibt Claudia zu bedenken. »Wenn ich mich richtig erinnere, ging es bei deiner letzten Krise vor zweieinhalb Jahren ja in eine ähnliche Richtung.«

Ich schweige. Dann nicke ich. »Stimmt. Ich habe wieder das Gefühl, die Kontrolle zu verlieren und der Situation ausgeliefert zu sein.«

Claudia legt den Kopf schief. »Woran liegt es, dass du die Kontrolle haben willst?«

Puh, okay. Einmal tief durchatmen. Jetzt kommen die Fragen. Die kenne ich schon vom letzten Mal. Sie sind immer gut, immer entlarvend, aber fast immer auch schwer zu beantworten.

»Kontrolle gibt mir Sicherheit«, gebe ich zu.

»Brauchst du Sicherheit?«

Ich zucke mit den Schultern.

»Was ist denn gerade besonders schlimm? Kannst du das benennen?«, will Claudia wissen.

»Ich habe das Gefühl, nichts hinzukriegen. Nicht mal die Wohnung kann ich aufräumen, es sieht jeden Tag aus, als ob eine Bombe eingeschlagen hätte.«

Claudia macht ein fragendes Gesicht. »Ist es schlimm, wenn die Wohnung nicht aufgeräumt ist?«

»Ich finde schon. Ich meine, es kann ja wohl nicht so schwer sein, die Bude einigermaßen sauber zu halten. Immerhin leiste ich gerade nichts.«

Claudia merkt auf. »Doch. Du leistest gerade sehr viel. Du hast ein Kind geboren. Und du hilfst ihm in diesen ersten Wochen, sich in der neuen, fremden Welt zurechtzufinden. Du umsorgst es. Gibst ihm zu essen, hältst es warm, singst ihm vor, stehst auf, wenn es dich braucht. Ist das nichts?«

Okay. Wenn sie das so sagt, hört es sich nach mehr an, als ich die meiste Zeit denke.

»Ich möchte nicht schwach wirken«, versuche ich vom Thema abzulenken.

»Aber vielleicht bist du das gerade«, erwiderte Claudia. »Und das ist völlig in Ordnung.«

Wir schweigen eine Weile. Schließlich fragt sie: »Warum denkst du, es sollte alles perfekt sein? Wer könnte schlecht von dir denken?«

Ich blicke sie nachdenklich an. In diesem Augenblick kommt es mir vor, als ob etwas in meinem Gehirn einrastet. Ein Mechanismus, der geklemmt hat, jetzt aber wieder die richtige Position findet. Mir wird in dieser Sekunde bewusst: Es gibt nur eine Person, die schlecht von mir denkt, und das bin ich, ich ganz allein. Niemand sonst macht mir jemals Vorwürfe. Niemand sonst stellt irgendwelche Ansprüche an mich. Ich bin es, die von mir erwartet, Wonder Woman und Mutter der Nation in einem zu sein. Aus diesem Grund fühlt sich auch alles, was ich tue, minderwertig und mangelhaft an. Ich bleibe andauernd unter meinen Erwartungen. Nichts kann ich mir recht machen – vor allem nicht mein Gefühl. Ich verlange von mir, mich anders zu fühlen, als ich es tue – und mache mich im selben Atemzug fertig, wenn es mir nicht gelingt.

Wow. Ich bin wirklich mein schlimmster Feind.

Claudia stellt mir in dieser Stunde noch viele Fragen. Als die Zeit um ist, verabreden wir weitere Termine. Zwei noch diese Woche, zwei weitere nächste. Zuletzt hält sie mir ein schmales Heft hin.

»Das ist dein Dankbarkeitstagebuch«, erklärt sie. »Ich möchte dich darum bitten, jeden Tag drei Dinge zu notieren, für die du dankbar bist.«

»Und was soll das bringen?«, frage ich etwas lustlos. Ich bin müde nach dieser Sitzung. Die vielen Fragen schwirren durch meinen Kopf, und ich fühle mich, als würde mein Schädel in einem riesigen Wattebausch stecken.

»Wir wollen versuchen, deinen Blick auf die positiven Dinge zu richten. Die Dinge, die gut laufen. Für die du dankbar sein kannst.«

Ich nehme das Heft entgegen und schaue es zweifelnd an. Es fühlt sich an, als ob ich Vokabeln büffeln sollte.

»Keine Angst«, sagt Claudia lachend. »Ich werde das nicht abfragen. Auch wenn es Hausaufgaben sind. Probiere es mal aus. Drei Dinge, jeden Tag.«

»Müssen es unterschiedliche Dinge sein?«

Claudia lacht noch lauter. »Das wäre super, wenn du nicht jeden Tag dasselbe reinschreibst, ja.«

Als ich am Abend im Bett liege und das Dankbarkeitstagebuch aufschlage, habe ich keine Ahnung, was ich aufschreiben könnte. Wofür bin ich gerade dankbar? Nicht viel, das ist schon mal klar. Die Katzen haben heute beide bei ihren Toilettengängen das Klo getroffen und ihr Geschäft nicht daneben verrichtet.

Ist das wirklich etwas, das ich in mein Vokabelheft eintragen darf? Was für eine bescheuerte Sache, für die ich dankbar bin. Müsste ich mir nicht etwas Wichtigeres einfallen lassen? Etwas von Bedeutung?

Ich nage am Bleistift in meiner Hand. Etwas hemmt mich, die Katzenklo-Dankbarkeit niederzuschreiben. Hoffentlich findet das Buch niemand. Wäre ja ultrapeinlich, wenn er oder sie das lesen würde ... und auch, dass mir nichts anderes eingefallen ist, für das ich dankbar bin.

Also überlege ich weiter. Hm ... Ich bin dankbar für Jens. Dass er zu mir hält und mich nicht für verrückt erklärt. Und natürlich für Ella, weil sie gesund ist und sich vollkommen normal entwickelt.

Ja, doch, das ist okay, das kann ich aufschreiben. Jens. Ella. Und das Katzenklo.

WAS IST EINE POSTPARTALE DEPRESSION?

Eine postpartale Depression ist eine Form der Depression, die vor allem Mütter (aber auch Väter) im ersten Jahr nach der Geburt eines Babys betreffen kann. Oft wird die postpartale Depression (PPD) unterschätzt und erst spät erkannt, da sich diese meist schleichend entwickelt und anfangs kaum von einem normalen Stimmungstief zu unterscheiden ist.

Nach einer Geburt sind zwischen 50 und 80 Prozent aller Mütter von solch einem wenige Tage andauernden Stimmungstief betroffen, umgangssprachlich spricht man vom »Babyblues« oder den »Heultagen«. Dieses tritt meist drei bis zehn Tage nach Geburt auf, oftmals verbunden mit dem Milcheinschuss. Zum einen sind die hormonellen Veränderungen psychisch spürbar, zum anderen sorgt ein Baby nicht nur für Schlafentzug, sondern für eine völlig veränderte Lebenssituation, in der sich die Mutter erst einmal zurechtfinden muss. In dieser Episode braucht die Mama viel Ruhe, Verständnis und Zuwendung. Eine Behandlung ist aber nicht nötig, die Symptome verschwinden im Normalfall nach wenigen Stunden oder Tagen von selbst.

Eine postpartale Depression entwickelt sich hingegen nach und nach. Sie kann mit dem Babyblues beginnen, der nicht mehr verschwindet, oder aber einige Monate nach der Geburt auftreten. Da viele Frauen dazu neigen, die Fassade der glücklichen Mutter möglichst lange aufrechtzuerhalten, werden die Anzeichen vom Umfeld häufig übersehen. Mögliche Symptome sind:

- Antriebslosigkeit
- Niedergeschlagenheit, Traurigkeit, Freudlosigkeit

- ein Gefühl der Leere und Wertlosigkeit
- Konzentrations- und Schlafstörungen
- Schuldgefühle
- Desinteresse dem Kind gegenüber, reines »Funktionieren«
- sexuelle Unlust
- übertriebene Ängste, Panikattacken
- Zwangsgedanken
- Reizbarkeit
- sozialer Rückzug
- körperliche Beschwerden wie Kopfschmerzen, Schwindel, Zittern, Kribbeln, Verspannungen, Verdauungsstörungen, Herzbeschwerden
- Suizidgedanken

Aus medizinischer Sicht müssen fünf Symptome über mindestens zwei Wochen anhalten, um die Diagnose einer postpartalen Depression zu stellen.

Die Auslöser sind von Patient:in zu Patient:in verschieden und meist eine Mischung unterschiedlicher Faktoren. Dazu gehören unter anderem psychische Vorbelastungen wie bereits erlebte psychische Erkrankungen, Kontrollbedürfnis, Perfektionismus, Schuldgefühle oder Schwierigkeiten, sich mit einem neuen Lebensabschnitt zu arrangieren. Auch eine traumatische Geburt oder Stillprobleme können eine Rolle spielen, ebenso soziale und gesellschaftliche Faktoren wie Paarprobleme, fehlende Unterstützung, Kindheitstraumata sowie das überhöhte Bild der »guten Mutter«.

Dazu kommen die Hormonumstellungen sowie Umstellungen des Stoffwechsels, die unter anderem zu Veränderungen der Schilddrüsenhormone führen können. Hier kann eine Überprüfung des Hormonstatus hilfreich sein.

Bei einer postnatalen Depression ist oftmals eine psychotherapeutische Behandlung sinnvoll, in einigen Fällen ergänzt durch eine medikamentöse Therapie. Zudem sollte für Entlastung im Alltag gesorgt werden, beispielsweise durch Unterstützung im Haushalt und bei der Kinderbetreuung.

Ziel der Therapie ist es, wie auch bei anderen Formen der Depression, ungünstige Denk- und Verhaltensmuster aufzuzeigen, Alternativen zu entwickeln und einzuüben. Zudem kann durch eine medikamentöse Begleittherapie das hormonelle Gleichgewicht wiederhergestellt werden. Bei einem nachgewiesenen Mangel kann auch die Supplementierung von Vitaminen und Mineralstoffen helfen, Körper und Psyche zu stabilisieren. Eine Selbstmedikation mit frei verkäuflichen Nahrungsergänzungsmitteln ist allerdings nicht zu empfehlen.

In schweren Fällen oder gar Psychosen kann ein stationärer Aufenthalt nötig sein. Hier gibt es spezielle Mutter-Kind-Angebote in einigen psychiatrischen Einrichtungen, bei denen Mutter und Kind gemeinsam aufgenommen werden können, um die Krise zu bewältigen und die Bindung zu stärken.

Über postpartale Depressionen wird immer noch wenig berichtet, obwohl 10 bis 15 Prozent aller Mütter daran erkranken. Gerade deshalb sind der Austausch und der offene Umgang mit der Erkrankung so wichtig, denn nur so kann die Aufmerksamkeit in der Gesellschaft wachsen. Wenn das Thema schon in Schwangerschaften angesprochen wird, können Betroffene schneller erkennen, was mit ihnen los ist, und sich Hilfe organisieren.

Verschiedene Vereine und Verbände, unter anderem »Schatten und Licht e.V.« oder die »Marcé Gesellschaft«, setzen sich für die Unterstützung von Müttern in seelischen Krisen ein. Hier finden Betroffene Fragebögen, Selbsthilfegruppen sowie zahlreiche Listen mit Kontaktdaten und Adressen von Fachleuten.

Teil 3

Januar 2021

19

Bei Claudia im Wartezimmer fühlt sich alles vertraut an. Vor über drei Jahren war ich zum letzten Mal hier und fast nichts hat sich verändert. Ich schaue mich um. Die einladenden Blumen-Bilder, die warmen Wandfarben, die weiche Polsterung auf den Stühlen, die Flyer und Zeitschriften auf dem kleinen runden Holztischchen. Das alles kenne ich. Irgendwie tröstet mich das. Ich fühle mich wie in einer Zeitkapsel. Hier gibt es keine Pandemie, hier toben keine Kinder, denen der Ausgleich in der Kita fehlt. Hier warten keine unbeantworteten Mails auf mich, hier gibt es keine unerfüllten Erwartungen. Ich bin allein und würde am liebsten den ganzen Tag hierbleiben. Mich einfach in der Stille verstecken, die Welt aussperren.

Dass ich angezogen und geduscht bei Claudia angekommen bin, grenzt an ein Wunder. Schon der Weg zum Briefkasten erschien mir in den letzten Tagen wie eine unüberwindbare Hürde. Mein Alltag sieht gerade so aus, dass ich fast ausschließlich im Bett liege. Nein, nicht im gemütlich eingerichteten Schlafzimmer, in dem durch softe Vorhänge sanft das Licht auf mein lächelndes, perfekt geschminktes Gesicht fällt..

Die Realität sieht leider völlig anders aus. Ich liege in unserem winzigen Gästezimmer, das eher einer Abstellkammer gleicht. Das Zimmer befindet sich im Untergeschoss unserer Wohnung, direkt neben der Eingangstür und gegenüber vom Gästeklo. Es ist ein unwirtlicher Ort, an den ich mich zurückgezogen habe. Klapprige Wäscheständer, aussortierte Fitnessgeräte und zu klein gewordene Kinderkleidung in großen Plastikboxen, all diese Dinge sammeln sich hier an. Normalerweise würde mich das stören. Vermutlich würde ich anfangen auszumisten. Doch im Moment schaffe ich gar nichts. Sogar das Chaos ist mir egal.

Die Luft ist abgestanden, meine Bettwäsche müsste dringend mal wieder gewechselt werden. Nichts davon ist wichtig. Ich nehme all diese Dinge ab und zu wahr, spüre aber nichts dabei. In mir herrscht Leere. Ich bin nicht traurig, nicht müde, nicht wütend, da ist … nichts. Wenn ich Durst habe, starre ich manchmal minutenlang auf das Wasserglas, das auf dem Tisch neben dem Bett steht, und überlege, ob ich es schaffe, mich zum Trinken aufzurichten. Ich habe keine Energie mehr. Bin bloß noch eine leere Hülle. Draußen sind die Tage dunkel und trist, in mir drin sieht es ähnlich aus.

»Mama«, höre ich ein Stimmchen vor der Tür. »Mamaaamama!« Fritz. Mein Kleiner ist jetzt fast eineinhalb Jahre alt, läuft tapsig durch die Wohnung und spricht seine ersten Wörter, die kaum jemand außer uns versteht. »Mama« war das erste. Ein unglaublich süßes Alter, in dem er gerade ist. Es wird so schnell vorbei sein. Das schlechte Gewissen nagt an mir. Ich liebe ihn so sehr und will trotzdem nicht, dass er reinkommt. Ich will nicht, dass er seine Mama so sieht. Ich höre weitere Kinderschritte, Ella hilft ihm, die Tür zu öffnen, weil er noch zu klein ist.

»Psst, vielleicht schläft Mama«, flüstert sie ihrem Bruder zu.

Ich spüre den Kloß in meinem Hals. Ella passt auf mich auf. In den letzten Tagen hat sie mir ab und zu etwas zu essen gebracht oder mir etwas vorgesungen, damit ich nicht mehr so traurig bin. Das geht doch nicht. Ich bin die Mama und muss mich um sie kümmern, nicht umgekehrt. Ich fühle mich schuldig, dass ich diesen Rollentausch nicht verhindern kann. Ich will die beiden gern in den Arm nehmen, mit ihnen tolle Dinge unternehmen, ich will sie kitzeln, mit ihnen Bilderbücher anschauen, die Welt entdecken und mich kaputtlachen.

Aber ich kann nicht. Ich kann einfach nicht. Und ich habe keine Ahnung, wie ich das je wieder auf die Reihe kriegen soll.

Beide schleichen zum Bett. »Mama«, kräht Fritz viel zu laut und plumpst auf den Po, er ist gegen den Bettpfosten gestoßen und hat das Gleichgewicht verloren. Ich hebe leicht den Kopf.

»Alles gut, Fritz hat sich nicht wehgetan«, sagt Ella und schaut mich aus großen Augen an. Sie nähert sich vorsichtig meinem Gesicht. »Bist du krank?«, fragt Ella mit ihrer zarten Kinderstimme.

»Ich weiß es nicht genau, mein Schatz. Ich muss mich ein bisschen ausruhen«, antworte ich ihr, und meine Stimme krächzt ein wenig. Ich habe heute noch nicht viel gesprochen.

Ella nickt wissend und streicht sich eine Strähne aus dem Gesicht. »Ausruhen hilft am besten, wenn man krank ist, Schlaf ist die beste Medizin«, sagt sie altklug und wiederholt damit all die Sätze, die wir ihr sagen, wenn sie krank ist.

Ich lächle matt. »Stimmt«, sage ich und streichle ihr über die Wange. Sie ist so ein zauberhaftes Mädchen. Sie hat eine bessere Mutter verdient.

Fritz hat sich wieder aufgerappelt, schaut über die Bettkante und brabbelt ein paar Laute in seiner eigenen Sprache. Dann schwingt er seinen Kuschelhasen auf das Bett. »Da!«, sagt er und legt mir das Kuscheltier vor die Nase, als wollte er mir sagen: Den brauchst du gerade dringender als ich.

Nun schießen mir die Tränen in die Augen. »Danke, Fritzi, das ist lieb«, sage ich, meine Stimme bricht. Ich drücke den Hasen an mich und spüre, wie die Tränen über mein Gesicht laufen.

»Ella, Fritz, kommt ihr? Schuhe anziehen!«, höre ich Jens rufen. Ich bin so froh, dass er da ist, sich um die Kinder kümmert, und dass er in diesem Moment ruft. Ich weiß nicht, wie ich es je wiedergutmachen kann, dass er gerade alles allein stemmt.

»Tschüss, Mama«, sagt Ella, nimmt ihren Bruder an die Hand und sagt zu ihm: »Komm, Fritz, Mama schläft noch ein bisschen, und wir gehen mit Papa raus.«

Wie sehr ich mir wünschen würde, dass sie recht hat. Mama schläft noch ein bisschen – schön wär's. Schlaf täte wirklich gut, doch seit Tagen kann ich nicht mehr schlafen. Ich döse weg, schrecke auf, habe Horror-Träume, bin wieder wach. Drehe mich von rechts nach links, starre an die Decke, an die Wände, auf mein Kissen, in mich hinein. Finde keine Ruhe, obwohl da nur noch Leere in mir ist.

Ich schaue meinen Kindern nach, wie sie aus der Tür gehen, Hand in Hand. Meine wundervollen Kinder, für die ich so eine miese Mutter bin. Ich funktioniere nicht mehr, bin defekt. Für nichts mehr zu gebrauchen. Ich schäme mich für alles, was ich gerade verkörpere. Ich schließe die Augen, drehe mich zur Wand und stelle mir vor, wie ich mich einfach in Luft auflöse. Ich weiß nicht, wie es weitergehen soll. Ob es weitergehen soll.

»Isabell«, sagt Claudia, als sie die Tür zum Wartezimmer öffnet, und reißt mich aus meinen Gedanken. »Wie schön, dich zu sehen.« Sie lächelt.

Ich lächle auch, obwohl mir nicht danach ist, und stehe auf.

»Wie geht es dir?«, fragt Claudia, nachdem wir uns in ihrem Zimmer hingesetzt haben.

Ich lächle schon wieder gequält und weiß nicht, was ich sagen soll. Einerseits sind da tausend Dinge in meinem Kopf, andererseits ist da gar nichts mehr. Ich zucke mit den Schultern, gleichzeitig schießen mir die Tränen in die Augen. »Ich kann nicht mehr«, presse ich heraus, während die ersten Tränen über meine Wangen laufen.

»Erzähl mir mehr«, antwortet Claudia und reicht mir die Packung mit den Taschentüchern.

»Diese Pandemie macht mich fertig«, beginne ich zu erzählen. »Im ersten Lockdown war es richtig anstrengend, aber wir haben uns durchgekämpft.«

Ich berichte davon, dass ich nach den ersten Wochen Lockdown ein Airbnb-Zimmer angemietet hatte, um in Ruhe arbeiten zu können, weil es im Homeoffice einfach nicht funktionierte. Nie war Ruhe. Nie. Nachts schrie Fritz, tagsüber organisierten wir uns als Eltern durch den Lockdown, tranken Kaffee in ungesund hohen Dosen, stritten oft, kamen an unsere Grenzen, als Individuen, als Paar, als Eltern. Dann kam der Sommer, endlich. Rausgehen, Sonne tanken, Eis essen, Menschen zumindest draußen mit gutem Gefühl treffen. Für eine Weile war alles gut, und ich schöpfte Hoffnung. Ein Licht am Ende des Tunnels.

»Doch jetzt ... dieser Winter ... Wieder alles von vorn. Das war kein Licht am Ende des Tunnels, das war nur ein kleines Fenster, aus dem ich rausschauen durfte. Als würde jemand sagen: Hier guck mal, so schön könnte es sein – aber sorry, nicht für euch. Für euch geht's jetzt weiter durch die Dunkelheit. Und es wird immer dunkler und enger. Soll das nun ewig so laufen? Was ist denn die Perspektive? Jeden Winter dieser verdammte Lockdown? Ich kann nicht mehr, ich will nicht mehr.«

Ich erzähle Claudia von meinem schlechten Gewissen, immerhin geht es allen Menschen, fast weltweit, gerade schlecht, und immerhin haben wir noch beide unsere Jobs, genug Geld zum Leben, sind nicht krank und haben niemanden an das Virus verloren. Und dann berichte ich von der Leere in mir, von meinem Bett in der Abstellkammer, von meinem Tief, aus dem ich nicht mehr rauskomme. Ich bin so ehrlich wie schon lange nicht mehr.

Claudia schaut mich eindringlich an. »Du willst nicht mehr, sagst du?«, fragt sie ernst.

Ich nicke, zucke die Schultern.

»Denkst du, dass du dir etwas antun könntest?«

Die Sekunden verstreichen. Claudia mustert mich aufmerksam. Was soll ich denn sagen? Das ist doch objektiv betrachtet völlig ... absurd. In meiner Situation. Ich habe doch alles, es gibt keinen Grund für solche Gedanken. Und trotzdem kann ich nicht mit einem ehrlichen Nein antworten. Schließlich reagiere ich – wieder mit einem Schulterzucken.

»Ab jetzt sehen wir uns erst mal jeden Tag«, beschließt sie. Dann lächelt sie sanft. »Wir kriegen das wieder hin, okay?«

»Meinst du?«, frage ich zweifelnd.

»Na klar. Du hast das doch schon zweimal geschafft«, sagt sie.

Nach dem Treffen mit Claudia sitze ich noch lange im Auto. Ich bin den kurzen Weg gefahren, obwohl es nur wenige Minuten zur Praxis sind. Für einen Spaziergang habe ich keine Kraft.

Ich starre ins Leere, statt den Motor zu starten. Eine Weile denke ich gar nichts. Dann komme ich ins Grübeln.

Ob ich Jens anrufen soll? Aber was kann ich ihm sagen? Dass ich komplett übergeschnappt bin? Dass ich eine undankbare Frau und Mutter bin?

Wenn ich mir mein Leben von außen anschaue, habe ich alles, wirklich alles, was man sich wünschen kann. Toller Mann, süße Kinder, ein schönes Zuhause, Jobs, die mir Spaß machen. Und die Corona-Pandemie ist ja nicht nur mein Problem, die müssen alle aushalten. Alle haben Sorgen, alle Eltern betreuen ihre Kinder zu Hause. Doch nicht alle liegen deshalb heulend im Bett. Rational betrachtet habe ich kein Recht dazu, so zusammenzubrechen.

Ich schaue aus dem Autofenster und blicke die Fassade der Altbauten hinauf. Vielleicht wohnt hier eine alleinerziehende Mama mit zwei kleinen Kindern, die ohne Kinderbetreuung keine Chance hat, ihrem Job nachzugehen. Oder eine selbstständige Ladeninhaberin, die im Lockdown Insolvenz anmelden und ihren Traum begraben musste. Oder eine Frau, die in einer toxischen Beziehung lebt und häusliche Gewalt erlebt. Vielleicht auch eine trauernde Tochter, deren Mutter an Corona gestorben ist.

Ich nehme all diesen Menschen einen Therapieplatz weg, den sie viel dringender bräuchten als ich. Bei mir ist doch alles okay.

Doch ist das wirklich so? Bin ich okay? Nein, muss ich mir selbst eingestehen. Überhaupt nicht. Ich habe gerade bei Claudia zugegeben, dass ich keinen Sinn mehr in meinem Leben sehe. Und auf die Frage hin, ob ich mir etwas antun würde, habe ich mit den Schultern gezuckt. Ich habe mich in dem Moment vor mir selbst erschrocken. Weil ich es nicht verstehe. Wie bin ich an diesen Punkt gekommen? Wieso schaffen es andere Menschen in viel schlimmeren Situationen, stabil zu bleiben, aber ich nicht?

Als ich am kommenden Tag bei Claudia in der Praxis erscheine, fühle ich mich genauso schrecklich wie gestern. Duschen hat heute nicht geklappt, meine Haare sehen furchtbar aus. Wenigstens bin ich pünktlich.

»Weißt du, was eine reaktive Depression ist, Isa?«

Ich schüttle den Kopf.

»Das sind depressive Episoden, die durch Dinge, die im Außen passieren, hervorgerufen werden. Das kann der Tod eines geliebten Menschen sein, ein Unfall oder schlimmer Liebeskummer. Aber auch schöne Erlebnisse wie eine Hochzeit oder die Geburt eines Kindes können die Gedanken und das Leben so durcheinanderbringen, dass sie eine reaktive Depression auslösen können. Deshalb sagt man auch Anpassungsstörung dazu.«

»Und das soll ich haben?«

Claudia nickt. Sie sieht so gelassen aus, während sie mir ihre Diagnose vor die Füße wirft. Reaktive Depression. Immer wieder wummern diese beiden Wörter in meinem Kopf. Reaktive Depression. Ich habe eine reaktive Depression. Der Gedanke fühlt sich fremd an.

»Also bin ich jetzt wirklich depressiv?«, frage ich.

»Das ist nichts, wofür man sich schämen muss. Damals, als du deine Anstellung bei ›GZSZ‹ verloren hast, ging es dir doch ähnlich. Und da hast du es mit etwas Handwerkszeug ganz gut wieder aus dem Tief rausgeschafft.«

Ich ziehe die Augenbrauen hoch. »Moment, wie meinst du das? Hatte ich damals auch eine reaktive Depression?«

Claudia nickt. »Ja, genau. Auch damals hast du auf äußere Faktoren mit einer Depression reagiert.«

Ich sacke auf dem Stuhl zusammen, spüre, wie meine Augen brennen, und wische mir mit beiden Händen mehrmals durch das Gesicht. Es war wohl besser für mich, gar nicht so genau zu wissen, wie die Diagnose lautet. Denn die Gewissheit, wirklich an einer Depression erkrankt zu sein, fühlt sich wie ein Schlag in die Magengrube an. Ich und Depressionen? What the fuck?

Claudia lässt mir ein paar Sekunden Zeit. Dann spricht sie weiter. »Mach dich nicht verrückt. Es ist nur der Name der Diagnose. Wir haben lediglich ein Label draufgeklebt. Für dich hat sich nichts geändert, okay?«

Ich atme durch, beim Ausatmen zittert die Luft. »Okay. Nur ein Label.«

»Ich habe eine Übung für dich. Wahrscheinlich kennst du gerade diese fiesen, negativen Gedankenspiralen, oder? Aus denen man einfach nicht herauskommt. Alles ist schlimm, und je länger man drüber nachdenkt, desto schlimmer wird es.«

»Mmhh«, nicke ich zustimmend und tupfe mir mit einem Taschentuch die Tränen von den Wangen.

»Wir kriegen oft überhaupt nicht mit, wie wir uns mit unseren eigenen Gedanken immer tiefer in die Depression treiben«, sagt Claudia. »Also, schau dich mal um und sag mir, was du siehst und spürst.«

»Hä?«, frage ich und komme mir blöd vor. Ich weiß nicht, was Claudia meint.

»Zähle einfach auf, was du wahrnimmst. Körperliche Empfindungen, Gefühle, Gedanken, Geräusche, alles! Vielleicht juckt dein Ohr. Oder es hängt eines meiner Bilder schief. Vielleicht schneit es draußen. Benenne Dinge, die du siehst oder spürst. Alle deine Wahrnehmungen.«

Ich schaue mich um und weiß nicht so recht, was ich sagen soll. »Draußen regnet es?«, sage ich mit einem Blick zum Fenster und formuliere die Beobachtung als Frage, weil ich nicht weiß, ob ich die Übung richtig verstanden habe.

Claudia nickt.

»Der Stuhl ist sehr bequem«, mache ich weiter. Dieses Mal mit einem Punkt.

Claudia lächelt. »Das freut mich«, sagt sie mit einem kurzen Lachen. »Weiter geht's.«

»Mein Nacken ist verspannt«, stelle ich fest. »Draußen höre ich einen Bus vorbeifahren. Es ist ein bisschen kühl hier, weil das Fenster gekippt ist. Ich sehe deinen Computerbildschirm dort hinten leuchten. Dein Hund ist heute nicht da. Aber sein Kissen liegt dort in der Ecke.«

Claudia nickt weiter. »Genau das meinte ich. Wie geht es dir dabei?«

»Ich komme mir irgendwie lächerlich vor«, gebe ich zu.

Claudia lacht. »Das ist normal. Unser Geist ist es nicht gewohnt, dass wir ihm beim Denken zuhören. Wir können aber nichts verändern, dessen wir uns nicht bewusst sind. Noch etwas?«

Ich denke nach. »Ich glaube, ich war durch das Benennen der Dinge, die ich wahrnehme, von meinen Gedanken abgelenkt«, sage ich und wundere mich selbst darüber, während ich es ausspreche. Tatsächlich. Ich war für diesen kurzen Moment nur mit meinen Wahrnehmungen beschäftigt, nicht mit meinen Sorgen. Ich richte mich ein wenig auf und ziehe die Schultern nach hinten.

»Genau das ist der Trick dieser Übung«, erklärt Claudia.

»Wenn du alles benennst, was du wahrnimmst, verstrickst du dich nicht immer tiefer in deine Sorgen, sondern nimmst auch wahr, was in der Gegenwart passiert. Indem du dich umschaust und Dinge benennst, die um dich herum passieren, hältst du das Gedankenkarussell für einen kurzen Moment an. So landest du auch immer wieder im Hier und Jetzt, statt im Gedankenchaos unterzugehen.« Claudia macht eine kurze Pause, damit ich die Übung sacken lassen kann. Dann spricht sie weiter: »Diese Übung ist auch eine praktische Art, sich selbst zu akzeptieren. Du benennst alles, was du wahrnimmst, ohne dich dafür zu kritisieren. Wie wär's mit einer zweiten Runde? Was denkst du? Was spürst du? Versuche, alles in Worte zu fassen und zu benennen«, fordert Claudia mich auf.

Ich lege meinen Kopf in den Nacken, schließe kurz die Augen, atme tief ein und aus. Dann blicke ich wieder zu Claudia. »Ich fühle mich schuldig«, fange ich an.

»Gut. Noch etwas?«, fragt Claudia.

»Ich schäme mich wahnsinnig. Ich bin so eine schlechte Mutter, habe mich selbst überhaupt nicht im Griff. Ich hab das Gefühl, dass ich in allem gescheitert bin. Ich bin wütend auf mich selbst.«

»Gut«, sagt Claudia wieder. »Noch etwas?«

Ich überlege und fahre fort: »Ich habe Angst, dass es nie wieder so wird wie vorher.«

Claudia wartet ab und nickt. Ich sage nichts mehr.

»Okay. Wir haben also Schuld, Scham, Wut und Angst. Ziemlich starke Gefühle. Jetzt schauen wir uns diese Gefühle mal von allen Seiten an. Wir überprüfen die Ängste und Überzeugungen. Wie realistisch sind sie? Ist das wahr, was ich mir da erzähle? Wie hilfreich ist das, was ich denke? Wir beginnen mit der Schuld. Hast du einen Grund dafür, dich schuldig zu fühlen?«

Ich wiege den Kopf hin und her. »Naja, ich schaffe es nicht aus eigener Kraft, mich aufzurappeln, und bin nun depressiv.«

»Würdest du andere verurteilen, denen es so geht? Würdest du ihnen sagen, dass sie selbst schuld an ihrer Situation sind?«

»Nein, natürlich nicht«, erwidere ich und schweige. Im selben Moment wird mir klar, wie hart ich mit mir ins Gericht gehe.

»Meinst du, du schaffst es, deine eigene Schuld auch so zu betrachten?«, fragt Claudia.

»Ich kann es versuchen«, sage ich leise.

So gehen wir alle Gefühle durch. Schuld, Scham, Wut, Angst. Am Ende bleibt kaum etwas übrig, meine Gefühle haben nicht viel mit der Realität zu tun. Das habe ich verstanden. Stück für Stück wollen wir daran arbeiten, dass die rationale Einsicht auch in meine Gefühlswelt sickert.

Claudia lächelt und steht auf. »Glaub nicht alles, was du denkst, okay?« Sie zwinkert. »Bis morgen, Isabell!«

Ich ziehe meine Jacke an, verabschiede mich und gehe aus der Tür. Ab nach Hause. Dort wird Jens auf mich warten. Ob er genervt sein wird? Kein Wunder, ständig lasse ich ihn mit allem allein. Vielleicht wird er mich bald verlassen, so wie ich drauf bin. Es wäre ihm nicht zu verübeln. Niemand will eine Depressive. Und dann? Wie soll das dann gehen? Alleinerziehend? Das würde ich niemals schaffen. Ich müsste meinen Job als Schauspielerin aufgeben.

Ich spüre, wie ich wieder in den Gedankenstrudel gerate, über den ich gerade in meiner Therapie gesprochen habe, halte inne, schaue mich um und nehme erstmal einfach nur wahr. So, wie Claudia es mir gezeigt hat.

Da warten viele Autos an der Ampel. Ein LKW hupt. Es riecht nach Pommes. Dicke Tropfen prasseln auf meinen Regenschirm. Ich mag das Geräusch.

Okay. Ich nehme all das wahr. Ich bin noch da.

Dann schaue ich etwas ruhiger in mich hinein. Ich habe Angst, dass Jens mich verlässt. Ist diese Angst berechtigt? Gibt es Anzeichen dafür, dass er solch einen Schritt plant? Nein. Nichts dergleichen.

Ich atme durch. Husch, husch, ihr Gedanken. Der Regen spült euch weg.

20

Eigentlich lief alles so gut. Als wir uns Mitte 2018 überlegt hatten, dass wir ein zweites Kind wollen, stellte ich mich darauf ein, dass es wieder länger dauern könnte. Die Erfahrung mit Ella war noch sehr präsent – doch dieses Mal wusste ich, dass mein Körper funktioniert und dass es nur eine Frage der Zeit wäre. Ich war also tiefenentspannt, als wir es drauf ankommen ließen. Es würde sowieso eine Weile dauern.

Als dann schon nach zwei Monaten meine Regel ausblieb, dachte ich, ich spinne. Das konnte doch nicht wirklich ... sollte ich tatsächlich ...? Ich traute mich kaum, meine Gedanken zu Ende zu bringen. Ja, es stimmte. Der Schwangerschaftstest zeigte zwei Striche. Ich hüpfte wie ein kleines Kind durch die ganze Wohnung, jubelte und lachte. Ella lachte laut mit, ohne zu wissen, was eigentlich los war. Wir tanzten gemeinsam und sangen alberne Kinderlieder. Ich war glücklich, doch gleichzeitig kamen ein paar Ängste hoch. Wenn das Baby kommt, ist Ella noch gar nicht trocken! Zwei Wickelkinder, wie soll ich das denn schaffen? Ist der Altersabstand nicht etwas *zu* gering? Und konnten wir überhaupt zwei Kinder lieben und ihnen genug Aufmerksamkeit schenken?

Es waren die üblichen Sorgen, die man sich als Schwangere vor der Geburt des zweiten Kindes so macht. Mehr nicht. Alles war okay. Die Schwangerschaft verlief entspannt und einigermaßen unproblematisch. Dieses Mal wurde es ein geplanter Kaiserschnitt – ein völlig anderes Erlebnis. Da meine Gebärmutter herzförmig geformt ist, hatte der kleine Fritz in meinem Bauch keine Chance, sich zu drehen, der arme. Zusammen mit der Kaiserschnittnarbe wäre eine Steißgeburt zu riskant gewesen, eine äußere Wendung war ebenfalls mit einigen Risiken verbunden. Ich war zwar anfangs enttäuscht, hatte dann aber viel Zeit, mich mit dem Gedanken dieser »Bauchgeburt« anzufreunden und konnte das Erlebnis wirklich genießen. Wie aufregend es war, die Tasche zu packen, ins Krankenhaus zu fahren und zu meinem Bauch zu sagen: »So, Fritz, gleich geht's los. Gleich kommst du auf die Welt.«

Keine Wehen. Keine Schmerzen. Nur Vorfreude.

Ich blieb fünf Tage auf der Wochenbettstation und ließ mich verwöhnen. Es war grandios. Auch zu Hause wollte ich auf keinen Fall das Risiko eingehen, erneut an einer postpartalen Depression zu erkranken, und gönnte mir sechs Wochen intensives Wochenbett. Wir schliefen viel, kuschelten, chillten, lernten uns als Familie neu kennen. Es war alles so anders, so viel ruhiger und entspannter als bei der ersten Geburt.

»Ist das nicht schön?«, fragte ich Jens immer wieder. Ich war glücklich. Richtig glücklich.

Als Fritz gerade mal ein halbes Jahr alt war, klingelte eines Morgens mein Handy.

Mein Agent war dran. »Gute Neuigkeiten, Isa!«, rief er euphorisch. »Ich habe ein Casting für eine TV-Serie für dich.«

»Wie, was? TV-Serie?« Ich war verdutzt. Seit dem Ausstieg

bei »Alles was zählt« 2015 hatte ich nicht mehr fürs Fernsehen gedreht, nur noch auf Theaterbühnen gestanden und mir als Influencerin mein Business aufgebaut. Nun hatte offenbar eine Casterin, die ich vor einigen Jahren kennengelernt hatte, wieder an mich gedacht, erzählte mir mein Agent. Er erklärte, dass es um die wöchentliche TV-Serie »Bettys Diagnose« ging.

Ich wurde kurz still, ging ein paar Schritte hin, ein paar Schritte her. Und noch einmal. Ein Grinsen breitete sich auf meinem Gesicht aus. »Okay«, sagte ich, halb fragend, halb lachend, und spürte eine Horde Schmetterlinge in meinem Bauch aufflattern. »Ich kann's ja mal probieren.«

Am Tag des Castings war ich völlig übernächtigt. Immer, wenn man denkt, dass kleine Kinder jetzt besser schlafen und eine neue Phase angebrochen ist, scheinen sie einem klarmachen zu wollen, wer hier der Chef der Nacht ist und dass man sich niemals, wirklich niemals sicher sein sollte. Fritz war in dieser Nacht fünfmal wach gewesen. Albträume, Kuschelbedürfnis, Durst, Schmusehase verloren, das volle Programm. Ich hatte kaum geschlafen, hatte zu viel Kaffee getrunken und war zusätzlich noch unglaublich aufgeregt. Eine fiese Mischung aus Koffein, Adrenalin und Erschöpfung flutete meine Blutbahn. Mein Körper hat zudem die blöde Angewohnheit, Nervosität mit großen, roten Flecken der Außenwelt zu präsentieren. Kurz: Ich sah aus wie eine Kuh, als ich vorsprach. In meinem Kopf flogen Textzeilen und Gedanken durcheinander.

Und dann rutschte mir auch noch der Satz raus: »Oh Mann, Leute, ich scheiß mir gleich in die Hose vor lauter Aufregung!«

Alle lachten. Ich dachte nur: Was für eine Katastrophe.

»Ich habe komplett versagt«, erzählte ich Jens am Telefon auf dem Rückweg.

Doch mit dieser Meinung stand ich offensichtlich allein dar. Aus mir unerfindlichen Gründen bekam ich tatsächlich die Zusage für die Rolle der Schwester Rike. Ich hatte wieder eine Serienrolle im Fernsehen! Woah! Mir wurde erst in dem Moment der Zusage so richtig bewusst, was das bedeutete: Wieder die ständige Fahrerei von Berlin nach Köln und zurück, weniger Zeit mit meinen Kindern. Und: Jens musste als Papa wieder einmal mehr Arbeit übernehmen.

»Na, ist halt so«, sagte er, als wir abends die Situation besprachen. Begeistert war er nicht.

»Ach, keine Ahnung, Jens. Wenn es nicht geht, muss ich halt absagen. Vielleicht ist es noch zu früh, Fritz ist ja noch so klein. Oder? Argh, aber ich würde die Rolle schon echt gern spielen.« Ich knetete meine Hände und war hin- und hergerissen. Ich wollte diese Rolle. Ich wollte aber auch nicht riskieren, dass meine Familie litt.

»Hey, alles gut. Kriegen wir schon hin. Nimm die Rolle unbedingt an. Wird bestimmt gut. Und die Kinder schaffe ich schon«, sagte Jens. Damit war das Thema für ihn erledigt.

Ach, Jens. Regelmäßig bringt er mich mit seiner trockenen, sachlichen Art auf die Palme, aber in Momenten wie diesen liebe ich seinen Pragmatismus. Ist halt so, sagt er einfach. Und ich darf meinen Traum von der Schauspielerei leben. Was habe ich für ein Glück.

Als es mit den Dreharbeiten für »Bettys Diagnose« losging, merkte ich, dass mir die Drehtage in Köln richtig guttaten. Das Team und die Atmosphäre am Set waren grandios. Ich war das Pensum und die Pace einer Daily Soap auf einem Privatsender gewöhnt, »Bettys Diagnose« wird einmal pro Woche im öffentlich-rechtlichen Fernsehen ausgestrahlt. Diese anderen Rahmenbedingungen verändern einiges. Ich war überrascht, wie viel entspannter und gelassener die Arbeit am Set war. Niemand regte sich auf, wenn man eine Szene zum dritten Mal wiederholen musste, keiner wirkte ausgebrannt oder überlastet.

Und ich mochte die Drehtage auch, weil sie meine kleine Auszeit vom Mama-Leben waren. Ich liebe es inzwischen, Mutter zu sein. Aber es gibt eben auch die Isa, die leidenschaftliche Schauspielerin ist, gute Filme mag, albern ist, gern (durch-)schläft und mit anderen Erwachsenen stundenlang im Restaurant versacken und über Gott und die Welt quatschen kann. Diese Isa war im Alltag in Berlin zeitweise verschwunden, doch sie tauchte wieder auf, wenn ich allein in Köln war. Natürlich vermisste ich meine Kinder. Aber ich merkte auch, wie ich in diesen Tagen meine Akkus auflud und danach eine viel geduldigere, entspanntere Mutter war. Mein Nervenkostüm war stabiler, meine Zündschnur erheblich länger. Ich fand wieder mehr zu mir, zu der kompletten Version meiner selbst.

Alles war gut. Dachte ich. Und doch sitze ich nun wieder hier bei Claudia.

»Du hast mir vom ersten Lockdown bereits erzählt«, sagt Claudia. »Das klang anstrengend. Aber ihr habt es als Familie gemeistert, da habe ich dich hier noch nicht getroffen. Und der Sommer war auch gut, hast du gesagt. Wie ging es dann weiter?«

Ich überlege und denke an den Herbst 2020. Langsam wurde das Wetter schlechter, die Tage wurden dunkler, die Corona-Zahlen stiegen. Ich bin ein Sommer-Kind und leide sowieso schon, wenn meine Lieblings-Jahreszeit vorbeigeht. Dieses Mal kamen die Pandemie-Bedingungen dazu. Es zeichnete sich ab, dass ein zweiter Lockdown unausweichlich war. Ich spürte, wie Stück für Stück der Unmut des Frühjahrs wieder in mir aufstieg.

Es war, als hätte mein Körper all die Erfahrungen, den Stress und die Verunsicherung in den Zellen abgespeichert. Je dunkler es draußen wurde, desto präsenter waren all diese Emotionen wieder.

Alles ging von vorn los. Kitas zu. Kinder betreuen, gleichzeitig arbeiten. Streitereien mit Jens. Lagerkoller. Nein, nein, nein, nein. Ich wollte das nicht mehr. Ich brauche die Sonne, soziale Kontakte, Freiräume. Nichts davon war vorhanden.

Als ich Claudia davon erzähle, fasst sie zusammen: »Du hast Stück für Stück deine Kraft und Energie verloren und gemerkt, dass der Frühling doch anstrengender war, als du dachtest.«

»Genau.«

»Gab es denn einen Moment oder ein Erlebnis, das dich so richtig überfordert hat?«, fragt sie.

Sofort schießen mir die Erinnerungen in den Kopf.

»Weihnachten bei meiner Familie«, sage ich.

21

»Ach, es ist so schön, dass wir alle trotz Corona mal wieder zusammen sein können«, sagt Mama.

Wir sitzen auf dem Boden, neben mir leuchtet ein riesiger Weihnachtsbaum. Lichterketten, rote und goldene Kugeln, eine glitzernde Girlande, funkelnde Sternen-Anhänger. Auf dem Esstisch flackern ein paar Kerzen, im Hintergrund läuft eine Schallplatte mit Weihnachtsliedern.

Vor mir sitzen Ella und Fritz und packen Geschenke aus. Fritz hat am meisten Spaß daran, das Papier aufzureißen – der Inhalt ist noch nebensächlich. In den nächsten Wochen werden die Kinder alle neuen Spielzeuge, Puzzles und Malsachen Stück für Stück entdecken.

Ich fühle mich unbeteiligt. Sitze unter dem Baum, lächle meine Kinder an, rede mit meiner Familie. Gleichzeitig habe ich das Gefühl, bloß eine Rolle zu spielen. Hier sitzt eine leere Hülle, die so tut, als wäre sie die Isa, die alle kennen. Ich schaue mir von außen dabei zu und fühle ... nichts. Es sind so viele Menschen um mich herum. Mama bereitet in der Küche das Essen vor. Papa puzzelt mit Ella. Fritz wirft Geschenkpapier-Fitzel durch das Wohnzimmer und quiekt vergnügt, Jens lacht mit ihm. Mein Bruder Alex hilft Mama und deckt den Tisch. Und ich sitze da, zwischen all den Leuten, in diesem Bilderbuch-Setting, und bin unendlich einsam. Weil niemand weiß, wie es in mir drin aussieht, weil niemand diese schwarze Wolke kennt, in der ich feststecke.

»Essen ist fertig!«, rufen Mama und Alex im Chor.

»Juhuuuu, Essen, Essen, Essen!«, jubelt Ella, lässt die Puzzleteile fallen und flitzt zum Esstisch.

Alle lachen. Ich nicht. Fritz hingegen hat keine Lust, am Tisch zu sitzen und muss erst einmal überzeugt werden.

»Pipiii«, ruft Ella, als Fritz dann endlich sitzt, und springt auf, um auf Toilette zu laufen. Ein kollektives Stöhnen geht durch die Gruppe, gefolgt von einem Lachen. Ich gehe mit ihr raus.

Als endlich alle am Tisch Platz genommen haben und das Essen beginnt, verzieht mein Vater nach dem ersten Bissen Rosenkohl ein wenig das Gesicht. »Der ist ja gar nicht mehr richtig heiß.«

Ich schaue erschrocken zu Mama, die genervt hochschaut. »Wenn so viele Leute da sind, dauert es halt, bis alle am Tisch sitzen.«

Ich starre auf meinen Teller und halte die Luft an.

»Du hättest den Rosenkohl ja im Topf lassen können, bis es wirklich losgeht. Dann wäre er auch nicht mehr so fest«, sagt Papa.

Ich habe das Gefühl, dass die Luft auf einmal um mehrere Grad kälter geworden ist. Die Schallplatte ist zu Ende, niemand hat sich darum gekümmert, etwas Neues aufzulegen. Es ist still, viel zu still. Ich ertrage das nicht.

»Mehr!«, kräht Fritz.

Zum Glück. Ich gebe ihm noch ein paar Kartoffeln und bin froh, irgendetwas Sinnvolles zu tun.

»Schmecken dir wenigstens die Kartoffeln, *mein Schatz*?«, fragt Mama meinen Vater bissig. »Oder sind sie nicht so zerkocht, wie du es von deiner Mutter kennst und liebst?«

Ich schließe kurz die Augen und wünsche mir, einfach zu verschwinden.

»Ach, Mama«, sagt Alex salopp. »Ist gut! Schmeckt alles echt super. Wenn Papa nicht will, ess ich halt drei Portionen, mindestens. Falls Fritz nicht schneller ist.« Er wuschelt durch Fritz' Haare und kaut vergnügt. Ich bin immer wieder beeindruckt davon, dass mein Bruder es schafft, mit den Spitzen meiner Eltern und der angespannten Atmosphäre so locker umzugehen.

Meine Eltern sind seit Jahrzehnten verheiratet. Aber ich hatte nie das Gefühl, dass sie wirklich glücklich miteinander waren. Schon in meiner Kindheit gab es ständig Streit, auch Alkohol war im Spiel. Als Kind habe ich mich immer angepasst. Ich kannte es ja nicht anders. Eines war klar: Ich war »Team Mama«.

»Ich ertrage das hier bald nicht mehr«, sagte Mama manchmal und stöhnte genervt. »Ich brauche eine eigene Wohnung!«

Ich verstand es als Aufforderung, die Annoncen in der Zeitung durchzuschauen und interessante Angebote einzukringeln. Immer wieder zeigte ich stolz, was ich gefunden hatte. Ich wollte meiner Mutter ja helfen. Doch Mama zog die Trennung nie durch. Sie blieb immer da.

Als Kind verstand ich das nicht. Heute weiß ich, dass sie bloß versuchte, die Familie zusammenzuhalten. Doch als Kind und Jugendliche dachte ich immer wieder: »Wieso lässt sie sich das gefallen?« Und – ja – manchmal denke ich das auch heute noch. Auch wenn sie sich inzwischen gut zusammengerauft haben und zeitweise sogar glücklich wirken.

Jetzt, wo ich selbst Mama bin, weiß ich, wie falsch dieser Rollentausch in meiner Kindheit war. Die Mutter-Tochter-Beziehung war verdreht. Ich begleitete eher meine Mutter in ihren Emotionen, unterstützte sie, half ihr. Eigentlich hätte es andersrum sein sollen. Aber ich war ein starkes Mädchen. Ich war Isa-macht-das-schon. Und diese Isa steckt bis heute in mir.

Deswegen reagiere ich empfindlich auf jede noch so kleine Verstimmung zwischen den beiden. Ich rechne jede Sekunde damit, dass der nächste Streit ausbricht und ich vermitteln muss. Was ich momentan nicht könnte, mein Nervenkostüm ist viel zu schwach.

Dieses Weihnachtsessen jedoch geht nach dem schwierigen Einstieg ohne weitere Zwischenfälle vorüber. Ich habe keinen Appetit, gebe meinen Kindern immer wieder etwas ab, sodass glücklicherweise niemandem auffällt, wie wenig ich esse.

Insgesamt verbringen wir drei Tage bei meinen Eltern. Drei Tage, die mir die letzte Kraft rauben. Dabei habe ich schon seit Wochen das Gefühl, am Limit zu sein – hier gehe ich über das Limit hinaus. Die Spitzen meiner Eltern, das Gefühl, es immer allen recht machen zu müssen. Die Erinnerungen an meine Kindheit, die flirrend-angespannte Stimmung, die vielen Menschen, deren Bedürfnisse auf einen Nenner gebracht werden müssen – all diese Momente und Gefühle saugen wie kleine Energie-Räuber den letzten Funken Antrieb und Hoffnung aus mir heraus. Nachts kann ich nicht schlafen, obwohl ich hundemüde bin. Tagsüber schleppe ich mich durch das Besuchsprogramm, fühle mich lustlos und ausgelaugt.

»Was ist denn eigentlich mit dir los?«, fragt Mama zwischendurch bei einem Spaziergang. »Du bist so ruhig.«

»Ach, keine Ahnung. Corona und so. Ist gerade anstrengend. Aber es geht schon«, sage ich.

Und ich denke: Isa macht das schon.

Nach drei Tagen fahren wir wieder. »Besuch ist wie Fisch, nach drei Tagen stinkt er«, habe ich mal irgendwo gelesen. Angeblich hat das Benjamin Franklin gesagt. Ich kann dem nur zustimmen. Gerade, wenn es um die eigene Familie geht.

Als wir auf dem Rückweg sind, atme ich im Auto tief durch.

»Das war wahnsinnig anstrengend, oder?«, frage ich Jens.

Er schaut mich überrascht an. »Findest du? Och. Ich fand es ganz lustig. Mit Alex habe ich viel gelacht, und die Stimmung bei deinen Eltern war doch auch ganz gut. Also ich hab es genossen, mal wieder unter Leuten zu sein. Hatten wir in letzter Zeit coronabedingt ja nicht so oft.«

Ich schweige. Meine Energie ist nicht weg, weil die Stimmung wirklich schlecht war. Es liegt einzig und allein an mir. Ich habe mich nicht mehr im Griff, und niemand kann das nachvollziehen. Vermutlich drehe ich langsam durch. Ich versuche Jens gar nicht erst zu erklären, wie ich mich fühle. Er würde es sowieso nicht verstehen. Es war das schlimmste Weihnachtsfest, das ich je erlebt habe. Und daran bin ich selbst schuld.

Zu Hause angekommen bringt Jens die Kinder ins Bett, ich packe unter Mühe ein paar Sachen aus und stelle noch eine Maschine Wäsche an. Noch nie habe ich diese alltäglichen Tätigkeiten als so anstrengend empfunden. Ich bin müde, so müde. Doch ich ahne, dass ich wieder nicht schlafen kann.

Ich schenke mir ein Glas Wein ein, um vielleicht so meinen Kopf auszuschalten. Dann gehe ich ins Bett, aus dem ich in den nächsten Tagen kaum noch aufstehe. Die Wäsche bleibt nass in der Maschine liegen.

»Isa«, sagt Jens nach einigen Tagen und setzt sich auf die Bettkante. »Es geht so nicht weiter. Die Kinder sind nicht blöd, die merken auch, dass etwas nicht stimmt. Ständig fragen sie nach Mama, ich weiß so langsam nicht mehr, was ich antworten soll. Wo soll das noch hinführen?«

»Wir haben doch deinen Geburtstag gestern schön gefeiert«, sage ich. »Ich war doch da.«

»Du warst anwesend, aber du warst nicht da«, erwidert Jens.

»Ich hab deinen Lieblingskuchen gebacken, was willst du denn noch?«, frage ich und merke selbst, wie patzig das klingt.

»Ich will meine Isa zurück.«

Ich schweige.

»Du musst jetzt mit jemandem reden«, sagt Jens eindringlich. »Ich habe mit deinen Eltern gesprochen. Die finden auch, dass du ... Hilfe brauchst«, fügt er hinzu.

Das versetzt mir einen Stich in den Brustkorb. Alle verschwören sich gegen mich.

Ich schweige weiter und starre gegen die Wand. Ich bin von ihm weggedreht und drehe mich auch nicht um. In den letzten Tagen hat es Jens mit liebevollen Worten und Kuscheleinheiten probiert. Doch ich habe alles abgeblockt. Nun scheint er eine andere Strategie zu fahren.

»Isabell«, sagt er wieder. Er meint es ernst. Sonst sagt er nie meinen ganzen Namen. »Bitte.«

Ich drehe mich ruckartig zu ihm um. »Ja, ist ja okay. Aber geh jetzt.« Ich halte es nicht mehr aus, ihm zuzuhören, meine eigene Unzulänglichkeit vorgehalten zu bekommen.

Jens steht wortlos auf und verlässt das Zimmer.

Ich weine, nein, ich heule. All der Schmerz platzt aus mir raus. Als das Schluchzen langsam aufhört, nehme ich mein Handy, rufe Claudia an und spreche ihr auf den Anrufbeantworter. Im Januar gehe ich zu ihr. Ich tue es für Jens, nicht, weil ich glaube, dass das irgendeinen Sinn hat. Eigentlich weiß ich, wie gut mir die Gespräche mit ihr in der Vergangenheit taten, doch die Erinnerungen sind in diesem Moment einfach aus meinem Kopf verschwunden. Die schwarze Wolke hat alles zur Seite geschoben.

22

Claudia schaut mich neugierig an.

»Weihnachten war also nicht so leicht«, sagt sie.

Ich lache bitter auf. »Das ist ziemlich untertrieben. Und von Silvester will ich gar nicht erst anfangen. Es waren der schlimmste Jahreswechsel und der schlimmste Geburtstag aller Zeiten. Ich bin einfach die mieseste Partnerin und mieseste Mutter der Welt. Vermutlich sitzen meine Kinder später auch bei der Therapie und müssen diesen ganzen Scheiß ausbaden, weil ich mich nicht im Griff habe.«

»Erstmal: Alles Gute nachträglich«, antwortet Claudia.

Ich lächle gequält.

»Meinst du wirklich, dass deine Kinder gerade eine schwere Zeit haben?«, fragt sie dann.

»Keine Ahnung. Sie merken, dass ich anders bin«, sage ich und spüre, wie sich mein Magen verkrampft bei diesem Gedanken. Kinder machen alles so viel schwerer. Dass ich nicht für sie da sein kann, sorgt Tag für Tag für Schuldgefühle.

»Aber Jens kümmert sich um sie, oder?«, fragt Claudia.

»Ja. Er macht das so toll. Sie unternehmen schöne Ausflüge, waren kürzlich im Kindermuseum und Waffeln essen.«

»Ich frage also noch mal: Meinst du wirklich, dass deine Kinder gerade eine schwere Zeit haben?«

Ich überlege. »Sie sind versorgt. Sie haben ihren Papa. Hoffentlich denken sie einfach, dass Mama gerade krank ist.«

Claudia fragt: »Glaubst du, es hilft deinen Kindern, wenn du dich selbst quälst und dir einredest, dass sie es ganz schlecht haben? Schämst du dich dafür, dass du nicht funktionierst?«

»Klar«, sage ich sofort.

»Wofür genau schämst du dich?«

Ich atme tief ein und aus. »Dass ... dass ich mich nicht im Griff habe. Weil ich immer wieder in diese Tiefs rutsche und nicht wieder rauskomme. Weil ich einfach eine Versagerin bin.«

Claudia runzelt wieder die Stirn, wie immer, wenn ich etwas sage, das ihr nicht passt.

»Glaubst du, es hilft deinen Kindern oder Jens, wenn du dich als Versagerin beschimpfst? Hast du schon mal von dem Drama-Dreieck gehört?«

»Nein«, sage ich. »Nur den Ausdruck Drama-Queen kenne ich. Das passt zu mir.«

Claudia schmunzelt. »Das Drama-Dreieck ist ein Konzept der Transaktionsanalyse und wird häufig in der Psychologie angewendet. Es ist ein gutes Handwerkszeug, um zu verstehen, welchen Teil unseres Leids wir selbst erzeugen, in dem wir in bestimmten Rollen stecken bleiben. Das Drama-Dreieck besteht aus drei Rollen: Verfolger, Opfer und Retter.« Claudia macht eine Pause.

Ich sage nichts, höre weiter zu.

»Ich stelle dir mal eine Rolle nach der anderen vor, und du sagst mir, ob du dich darin wiederfindest. Also, der Verfolger ist selbstgerecht und weiß besser als du, wo es langgeht, er ist oft wütend und aggressiv. Er droht, kontrolliert und hetzt gegen andere. Er macht andere klein.«

Ich schüttle den Kopf. »Nein, das passt gar nicht zu mir. Aber ich kenne solche Menschen«, sage ich.

»Wen denn?«, fragt Claudia.

»Meinen Vater zum Beispiel. Er mäkelt immer an allem herum, macht andere klein. Keine gute Eigenschaft.«

»Okay«, sagt Claudia. »Wir machen mal weiter. Der Retter ist eher ein Schlichter, dessen Aufmerksamkeit auf den Bedürfnissen seiner Mitmenschen weilt. Retter empfindet man oft als hilfsbereit und gütig. Sie fragen aber gar nicht nach, was der andere Mensch wirklich braucht, sondern klatschen einem noch 'ne Kelle Suppe auf den Teller, obwohl man satt ist, weil sie sich dann selbst gut fühlen. Sie drängen sich mit ihrer Hilfsbereitschaft oft geradezu auf, statt zu akzeptieren, dass andere Menschen ihre eigenen Lösungen finden.«

Ich nicke. »Ein bisschen davon steckt bestimmt in mir. Aber nein, in Konflikten bin ich nicht die Retterin. Ich ziehe mich ja eher zurück.«

Claudia nickt und spricht weiter. »Gut. Dann kommen wir zur dritten Rolle. Das Opfer. Es ist passiv und fühlt sich anderen oft ausgeliefert. Menschen, die in dieser Rolle sind, werten sich selbst meist ab, haben ein geringes Selbstbewusstsein und übernehmen ungern Verantwortung für ihr eigenes Handeln. Sie fühlen sich schwach und hilflos und machen ihr Glück davon abhängig, wie die anderen Menschen sich benehmen.«

Erwischt. »Tja, das bin dann wohl ich. Zumindest momentan«, sage ich, denn eigentlich ist ›Verantwortung‹ mein zweiter Vorname. Nur offenbar nicht gerade – und nicht für mich selbst.

»Diese Erkenntnis ist Gold wert«, sagt sie, »denn wir können nur verändern, was wir uns bewusst gemacht haben. Allerdings ist es wichtig zu verstehen, dass das Drama-Dreieck kein starres System ist, in dem jeder seine feste Rolle hat. Man ist nie ›nur‹ Opfer, Verfolger oder Retter, sondern nimmt in einem fortwährenden Prozess alle Rollen ein. Wenn du also beispielsweise einen Streit verursachst, bist du erstmal der ›Verfolger‹ – stellen sich dann alle gegen dich, wirst du zum Opfer. Beim Retter ist es genauso, er kann in Sekundenschnelle die Rolle wechseln. Du hast mir erzählt, dass du für deine Mutter früher Wohnungen in der Zeitung herausgesucht hast, richtig? In welcher Rolle warst du da?«

»Retter«, sage ich sofort.

»Und deine Mutter und dein Vater?«

»Opfer. Und Verfolger.«

»Wie hast du dich gefühlt, wenn deine Mutter doch nicht ausgezogen ist, sondern alles beim Alten blieb?«

Mir geht ein Licht auf. »Wie das Opfer.«

»Und was denkst du, in welcher Rolle du bist, wenn du dir selbst Vorwürfe machst und dich eine Versagerin nennst? Du bist in der Verfolgerrolle. Du beschimpfst dich selbst! Du machst dich klein und hilflos. Das Drama-Dreieck findet nicht nur zwischen dir und anderen Menschen statt, sondern in dir selbst.«

Ich denke einen Augenblick nach. Das ist ziemlich einleuchtend. »Aber was sagt mir das alles? Wie kann man aus dem System ausbrechen?«

Claudia lächelt. »Ausbrechen? Darum geht es nicht. Es geht um mehr Bewusstsein, um Wahlfreiheit. Ich übe, mich selbst zu fragen, sobald ich starke Gefühle habe: In welcher der drei Rollen bin ich gerade? In welcher Rolle erlebe ich den anderen oder die anderen Menschen? Wenn ich feststelle, dass ich gerade in der Opferrolle bin, frage ich mich: Wie bin ich da hineingeraten? Habe ich etwas persönlich genommen, was mit mir vielleicht gar nichts zu tun hatte? Was genau könnte ich jetzt anders machen als sonst, um aus dieser Rolle herauszutreten?«

Mann, das klingt kompliziert. Ich bin ja schon mit meinem bloßen Sein überfordert. Wie soll ich da Rollen erkennen, in die wir unbemerkt reinrutschen? Und das auch noch in einer akuten Stresssituation, in der ich wahlweise verschwinden oder explodieren möchte?

»Lass uns mal ein paar Situationen durchgehen, in denen du in die Opferrolle gerutscht bist«, schlägt Claudia vor.

Wir sprechen erneut über Weihnachten. Auch hier habe ich mich in meine Opferrolle zurückgezogen, habe alles über mich ergehen lassen und mich in meine unangenehmen Emotionen fallen lassen. Ich bin passiv geblieben, aus Angst, jemanden vor den Kopf zu stoßen.

Wir gehen noch andere Momente der jüngsten Vergangenheit durch. Streitereien mit Jens. Überfordernde Szenen mit den Kindern, beide quengeln, wir müssen los, ich versuche, alles hinzukriegen, schreie am Ende doch, und liege später heulend im Bett. Ich erkenne, dass ich mich tatsächlich sehr häufig in die Opferrolle flüchte.

»In Zukunft atmest du erstmal durch und kommst kurz bei dir an«, sagt Claudia.

Wie, das ist alles? Atmen? Das mache ich doch sowieso.

»Das klingt so einfach, ist es aber nicht«, sagt Claudia, als könnte sie meine Gedanken lesen. »Stell dir vor, du sitzt wieder bei deiner Familie. Deine Mutter stichelt, dein Vater reagiert unwirsch darauf, du fühlst dich getriggert. Jetzt erstmal: atmen.«

Ich stelle mir die Situation genau vor, spüre, wie eine Mischung aus Wut und Hilflosigkeit in mir aufsteigt. Tatsächlich ist mein erster Impuls, die Luft anzuhalten.

Stattdessen atme ich. Ein, aus. Ein, aus. Ich bemerkte, wie ich etwas ruhiger werde und meine Gedanken sortieren kann. Claudia lässt mich atmen und fragt dann: »Wie fühlst du dich?«

»Ruhiger.«

»Und was tust du jetzt?«, fragt sie weiter.

Ich überlege. Die Wut sagt, dass ich meiner Mutter die Meinung geigen sollte. Doch damit würde ich mich in die Verfolgerrolle und mitten ins Drama begeben. »Ich ... puh. Ich würde mir bewusst machen, dass der Konflikt meiner Eltern nicht mein Konflikt ist. Was ich sagen würde? Keine Ahnung.«

Claudia lächelt mich an, obwohl meine Antwort so halbgar ist, und sagt: »Bravo.«

Jens wartet bereits auf mich und lehnt an der Küchenzeile, als ich gerade von der Sitzung mit Claudia nach Hause komme. Mir schwirrt noch der Kopf vom Drama-Dreieck, ich möchte mich hinlegen. Doch Jens lässt mich nicht.

»Ich habe mit meiner Mutter telefoniert«, sagt er. »Sie beschäftigt sich gerade viel mit Vitaminen und Mineralstoffen, Hormonen und so. Ich hab keine Ahnung davon, aber sie sagte, dass du unbedingt mal ein Blutbild machen solltest, da psychische Probleme manchmal auch daher kommen können. Und du isst doch so wenig. Da kann ich mir schon vorstellen, dass du einen Nährstoffmangel hast.«

Ich runzle die Stirn. »Aha«, sage ich. »Na, wenn deine Mutter das sagt ...«

Jens ignoriert den kleinen Seitenhieb gekonnt und redet einfach weiter. »Ich hab schon einen Termin gemacht, morgen früh geht's für dich zur Ärztin. Du darfst vorher nichts essen. Ich fahr dich hin, wenn die Kinder in der Kita sind, okay? Übermorgen hast du dann die Ergebnisse.« Er kommt zu mir, drückt mir einen Kuss auf die Stirn und schaut mich fragend an.

Ich bin skeptisch, nicke aber.

»Von mir aus«, sage ich. Dann drehe ich mich um und lege mich wieder ins Bett.

Am übernächsten Tag sitze ich bei der Ärztin, die Blutergebnisse sind da. Ich wäre lieber in meiner Jogginghose geblieben.

»Es war höchste Zeit für diese Untersuchung«, beginnt die Ärztin das Gespräch und schaut mich ernst an.

»Wie meinen Sie das?«, frage ich und werde hellhörig. Bin ich krank? Was hat sie entdeckt?

»Frau Horn, so schlechte Vitamin-D-Werte habe ich schon lange nicht mehr auf dem Schreibtisch gehabt. Ihre Depots sind völlig leer. Ganz im Ernst, ich weiß nicht, wie Sie die letzten Wochen überstehen konnten.«

Ich auch nicht, denke ich. Aber ich schaue sie nur an.

»Mhm«, mache ich. »Wirklich?«

»Ja, Sie sind quasi auf null. Wir müssen hochdosiertes Vitamin D zuführen. Und auch einige andere Werte sehen nicht gut aus. Sie haben wirklich einen immensen Nährstoffmangel. Essen Sie ausgewogen?«

Nein. Ich esse kaum noch. Ich habe keine Kraft mehr zum Essen, geschweige denn zum Kochen, denke ich und antworte ausweichend: »Naja, es könnte wohl etwas mehr und ausgewogener sein.«

»Okay. Ich schreibe Ihnen jetzt eine richtige Kur an Vitaminen und Mineralstoffen auf. Wundern Sie sich nicht – Sie nehmen von nun an täglich einige Tabletten. Außerdem möchte ich noch Ihre Schilddrüse checken, denn ich habe die Vermutung, dass auch da die Hormone verrücktspielen.«

Ich nicke. Schilddrüse. Pillen. Vitamin-Kur. Das ist alles ziemlich viel auf einmal.

»Ist es denn wirklich gesund, jeden Tag so viele Tabletten zu nehmen?«, frage ich unsicher. Ich sehe mich schon wie eine Seniorin mit großen Pillendosen rumhantieren, auf denen die Wochentage stehen.

»Langfristig sollten Sie die Nährstoffe wieder durch das Essen aufnehmen, sobald wir Ihre Speicher aufgefüllt haben. Aber wir päppeln Sie erstmal wieder auf. Einen Vitamin-D-Mangel haben viele Menschen. Allerdings nicht so intensiv. Hier ist das Ziel, langfristig die Dosis zu verringern, aber weiterhin zu supplementieren, damit es Ihnen besser geht.«

Das klingt nachvollziehbar. Ich fahre zur Apotheke, besorge mir die verschriebenen Vitamine und Mineralstoffe und übersehe bewusst die ungläubigen Blicke der Apothekerin, als sie mir den hohen Stapel überreicht. »Ist alles abgesprochen«, murmele ich, und bin heilfroh, dass ich ein Rezept dabeihabe. Ich komme mir vor wie ein Junkie.

Tatsächlich hatte die Ärztin auch mit ihrer anderen Vermutung recht. Wenige Tage später kommt die nächste Diagnose: Hashimoto. Dabei handelt es sich um eine Autoimmunkrankheit, kurz gesagt eine chronisch anhaltende Entzündung der Schilddrüse. Mein Körper attackiert gesundes Schilddrüsengewebe. Warum, weiß niemand so genau. Interessanterweise habe ich dennoch weder eine Über- noch eine Unterfunktion der Schilddrüse. Deshalb bekomme ich auch noch keine Hormone, muss aber regelmäßig zur Kontrolle.

Merkwürdigerweise freue ich mich ein bisschen über diese Diagnosen. Es ist greifbar. Vitaminmangel, Hashimoto, das sind Dinge, die man feststellen kann. Die man anhand von Blutwerten schwarz auf weiß sehen und bestenfalls bekämpfen kann. Nicht diese merkwürdigen Depressionen, die sich bei jedem anders äußern, die man nicht sehen kann, die irgendwo im Kopf stattfinden. Zudem können diese »handfesten« Krankheiten und Mangelerscheinungen tatsächlich Depressionen begünstigen. Es ist ein gutes Gefühl, nicht nur durch »falsche« Denkmuster und ein »falsches« Mindset in dieses Tief gerutscht zu sein, sondern auch durch leere Vitaminspeicher und eine entzündete Schilddrüse.

Daher gehe ich die Vitamin- und Mineralstoff-Kur motiviert an. In den ersten Tagen habe ich ein paar Probleme, vertrage gewisse Dosierungen nicht, muss die Zeitpunkte der Einnahme anpassen. Doch nach einigen Wochen habe ich mich eingegroovt. Es geht mir tatsächlich besser. Von Tag zu Tag.

»Es fühlt sich an, als würde ich am Ladegerät hängen und mein Akku, der total leer war, wird mit jedem Tag ein bisschen voller«, versuche ich Jens beim Frühstück meinen Zustand zu beschreiben.

Er schaut mir lange in die Augen, so lange, dass es mir fast unangenehm wird. »Du glaubst gar nicht, wie sehr mich das freut«, sagt er dann. Und fügt zwinkernd hinzu: »Ich freu mich schon auf meine 100-Prozent-Isa. Nein, im Ernst, ich merke ja auch, wie es bei dir aufwärts geht. Krass, was ein Nährstoffmangel für Auswirkungen haben kann.«

Ich gehe weiterhin zu Claudia. Denn ich muss zugeben, dass eben nicht nur der Körper »schuld« an meiner Verfassung ist. Da sind einige Denkmuster, Glaubenssätze, Erfahrungen und Erwartungshaltungen, die ich Stück für Stück aufarbeite, um neue Perspektiven, ein besseres Verständnis und einen gesünderen Umgang mit mir selbst zu entwickeln.

Zudem nehme ich meine Tabletten.

Alles zusammen scheint langsam zu wirken.

Ich spüre wieder die Sonnenstrahlen. Ich kann mich über Fritz' Sprechversuche freuen. Ich kann aufstehen, duschen, einkaufen, mit Ella Wettrennen machen. Zugegeben: Alles fühlt sich fragil und unsicher an. Wie eine junge Giraffe, die auf ihren wackligen Stelzen-Beinen die ersten Schritte wagt. Ich könnte jederzeit wieder zusammenbrechen. Hoffentlich schubst mich niemand. Aber immerhin. Ich laufe. Gerade noch rechtzeitig. Denn im Februar beginnen wieder meine Dreharbeiten für »Bettys Diagnose« – und meine selbstverordnete Social-Media-Auszeit muss ein Ende haben.

23

Als Schauspielerin und »Person des öffentlichen Lebens«, wie man so schön sagt, gehört eine gewisse Präsenz in den sozialen Medien heutzutage zum Job. Zumindest empfinde ich das so. Denn auf diese Weise hat man die Möglichkeit, sehr leicht mit Zuschauern und Fans in Kontakt zu treten – das ist für mich cool, um direktes Feedback zu bekommen, und für die Zuschauer, um unkompliziert mit mir in Kontakt zu treten.

Früher habe ich ein paar Fitness-Videos bei YouTube hochgeladen, habe ansonsten aber wenig Privates gezeigt. Als ich Mama geworden bin, war Social Media dann mein Fenster zur Welt. Erinnerungen an die ersten Wochen mit Ella kommen hoch.

»Tschüss, Schatz«, sagt Jens, schlüpft in sein Sakko, schnappt sich noch schnell den Regenschirm und wirft mir einen Luftkuss zu. Ich habe Ella, die gerade zwei Monate alt ist, auf dem Arm, sitze im Sessel und gebe ihr die Flasche. Gierig nuckelt sie an dem Sauger. Ich schaue sehnsüchtig nach draußen. Feinster Berliner Nieselregen.

»Ciao, viel Erfolg«, rufe ich Jens zu. Schon fällt die Wohnungstür mit einem satten Schnappen ins Schloss.

Stille. Nur das Nuckeln von Ella. Eine Weile beobachte ich sie beim Trinken. Sie wird langsam müde, ihre Augen fallen immer wieder zu. Nach den ersten schrecklichen Wochen haben wir unseren Rhythmus gefunden. Zumindest habe ich seit einer Woche den Eindruck, dass es besser läuft. Zwar fühlt sich dieses neue Leben immer noch sehr fremd und ungewohnt an, und ich weine in einigen Momenten meiner alten Freiheit hinterher. Aber immerhin sitze ich nicht mehr völlig fertig zu Hause herum und weiß nicht, wie ich den Tag überstehen soll.

Hoffentlich bleibt das so.

»Na, Kleine«, sage ich, um die Stille zu durchbrechen, die ich nicht gut aushalte. »Eigentlich wollte ich mit dir spazieren gehen. Aber nun regnet es. Wollen wir trotzdem?«

Ella gluckst. Ich sehe das als Bestätigung. Bin müde und hoffe, dass mich frische Luft wacher macht. Vielleicht gönne ich mir auch einen Coffee to go in meinem Lieblingscafé an der Ecke. Ich ziehe Ella und mir Jacken an, lege sie in den Kinderwagen, ziehe den unangenehm knisternden Regenschutz drüber und trete auf die Straße.

»Hallo Isabell!«, ruft eine Nachbarin fröhlich, die gerade in ihr Auto steigt. Sie trägt einen coolen Midirock und einen lässigen Pullover. Ihre Haare fallen in sanften Wellen über ihre Schultern, selbst von Weitem sehe ich, dass ihr Make-up perfekt sitzt. Früher sah ich auch so aus, denke ich.

»Hallooo«, rufe ich zurück, winke, lächle nett und hoffe, dass sie nicht so genau hinschaut. Regenjacke, schlabbrige Jogginghose, kein Make-up. Ich ziehe mir die Kapuze tief ins Gesicht und beschließe, auf den Kaffee zu verzichten und mir zu Hause eine Tasse zu kochen. Im Café sehen vermutlich alle so aus wie meine Nachbarin, und zum Latte Macchiato gäbe es eine Portion Schamgefühl gratis. Ich drehe also nur eine kurze Runde um den Block und gehe schnell wieder nach Hause. Ella ist eingeschlafen. Ich versuche, sie vom Kinderwagen in ihr Bettchen zu tragen, ohne dass sie aufwacht. Vooorsichtig hinlegen, langsam loslassen ... Ella seufzt, dreht sich zur Seite und schläft weiter. Ich schleiche mich aus dem Zimmer, schließe leise die Tür. Yes! Ich balle meine Hände zu Fäusten, recke sie in die Luft und juble stumm. Geschafft!

Mit Babyfon bewaffnet mache ich mir meinen Kaffee und lasse mich mit einem erschöpften Seufzer aufs Sofa fallen. Das Wochenende haben wir zu Hause verbracht. Die Zeit der wilden Partys und spontanen Verabredungen ist vorbei. Manchmal schleicht sich ein Gefühl der Einsamkeit ein. Eigentlich absurd – denn man ist den ganzen Tag mit diesem Mini-Menschen zusammen und so gesehen *nie* allein. Doch es ist anders. Ich habe das Gefühl, am echten Leben nicht mehr so teilnehmen zu können, wie ich es gewohnt bin. Wenn andere Menschen Filme schauen, trage ich mein Baby stundenlang in den Schlaf. Wenn andere Menschen auf Partys tanzen, bin ich froh, wenn ich um 21 Uhr im Bett liege.

Einerseits fühle ich mich nach wie vor sehr erschöpft, andererseits kann und will ich nicht akzeptieren, dass mein Leben ab jetzt nur noch aus Windeln und Bäuerchen und Mobiles besteht. Ich muss doch irgendwann wieder am normalen Leben teilnehmen! In dieser Mutter-Höhle werde ich auf jeden Fall verrückt. Ich schnappe mir mein Smartphone, öffne Instagram und scrolle durch meinen Feed. Schon bin ich nicht mehr ganz so allein.

Ich stolpere über einen Comic mit zwei Müttern, die ihre Babys auf den Armen halten. »What's your parenting style?«, fragt die eine. »Umm, survival«, antwortet die andere. Ich muss schmunzeln.

Eine andere Mama berichtet in ihrer Story von ihren schlaflosen Nächten, ich habe das Gefühl, dass sie gerade exakt das Gleiche wie ich erlebt. Ich fühle mich aufgehoben und angenommen in dieser Mami-Bubble. Da draußen sind unglaublich viele Frauen, denen es genauso geht wie mir.

Dabei fällt mir ein, dass ich mich auch um meinen eigenen Content kümmern muss.

»Auf geht's«, murmele ich vor mich hin, und rapple mich auf. Mit Kaffeetasse und Babyfon setze ich mich an den Esstisch, klappe meinen Laptop auf und beginne, ein Video zu schneiden. Ich gebe ein Baby-Update, es geht um Ellas aktuellen Wachstumsschub, ihren Schlafrhythmus und mein Gewicht. All das, was junge Mamas so beschäftigt. Das Video ist schnell geschnitten – ich bin fast fertig, als das Babyfon kräht. Ella ist wach. Immerhin, ich bin ein bisschen weitergekommen. In ihrer nächsten Schlafphase kann ich das Video online stellen.

Im Anschluss daran werde ich noch an meinem Redaktionsplan arbeiten und mir Inhalte für die nächsten Videos überlegen.

»Leg dich doch mal hin, wenn Ella schläft«, sagt Jens mir fast jeden Tag. Doch ich verbringe die Pausen meistens mit meiner Arbeit. Einerseits ärgere ich mich über mich selbst – denn Erholung bräuchte ich wirklich. Andererseits merke ich, wie gut es tut, eine Aufgabe zu haben. Mit anderen in Kontakt zu kommen, Verbündete zu finden und meine Gedanken zu teilen. Selbst wenn ich Stunden über Stunden mit Baby in der Wohnung sitze, habe ich so das Gefühl, nicht allein zu sein.

Auch während der zweiten Schwangerschaft war ich online mit Babybauch präsent.

»Ich bin wieder schwanger!«, rief ich im Februar 2019 in die

Kamera und konnte es selbst kaum fassen. In den folgenden Wochen tauschte ich Erfahrungen mit anderen Mamas aus und merkte, wie meine Community immer größer wurde. Nach und nach wurde aus dem Hobby ein richtiger Job. Neben YouTube habe ich meinen Instagram-Kanal aufgebaut. Immer mehr Anfragen für Kooperationen erreichten mich, die Followerzahlen wuchsen. Ich merkte: Okay, ich kann es nicht mehr leugnen – ich arbeite als Influencerin. Auch wenn ich das Wort nicht besonders mag, weil es oft so zynisch und negativ verwendet wird. Ich glaube, dass viele Menschen diesen Job als unfair oder banal empfinden, weil sie denken, dass das Einkommen von Influencerinnen viel zu leicht verdientes Geld ist. Doch dieser Eindruck täuscht. Es ist nicht so, dass ich durchs Haus bummle, schnell mit dem Handy ein Foto von einer hübschen Vase mache und ein paar Zeilen tippe, während die Kinder kurz mal spielen. Nein, es ist viel, viel mehr Arbeit.

Wir haben inzwischen ein- bis zweimal im Monat Familienshootings, die gut geplant sein müssen und verschiedene Schwerpunkte mit unterschiedlichen Farb- und Themenwelten haben, alles auf die Jahreszeiten und besondere Feiertage abgestimmt. Ich erstelle Redaktionspläne, bearbeitete Bilder, schreibe Texte, feile daran immer wieder. Auch Reels und Videos sind wichtig, um sichtbar zu bleiben – diese müssen ebenfalls geplant, erstellt, geschnitten und gepostet werden. Ich kommentiere, bearbeite Storys, lese, beantworte und like Nachrichten, Postings, Kommentare und mehr. Jede kurze Pause wird mit Social-Media-Arbeit gefüllt. Das ist ein Fulltime-Job. Es kann Druck entstehen, ständig liefern zu müssen. Ich habe nie Feierabend, ich könnte immer noch mehr Content erstellen, mehr kommentieren, mehr liken. Ganz automatisch scanne ich meinen Alltag ständig ab nach Dingen, die ich online teilen könnte.

In lustigen Momenten tippe ich mir eine Notiz ins Handy, damit ich später bei der Themensuche Inspiration habe. Jens verdreht manchmal genervt die Augen.

»Hey, hier spielt das Leben«, sagt er dann und schnipst vor meinem Gesicht.

Ich grinse und stecke schnell das Handy weg. Er hat ja recht. Doch so sieht mein Job eben aus.

Es ist viel, aber mir macht das wirklich Spaß. Ich kreiere Dinge, die andere Menschen erfreuen oder inspirieren. Ich bekomme viel positives Feedback, Kommentare und Nachrichten. Meine Community geht sehr wertschätzend und liebevoll miteinander um. Das macht mich stolz. Ich habe sogar ein paar Frauen auf diesem Wege kennengelernt, die ich heute Freundinnen nennen darf.

Zudem ist der Job sehr flexibel und gut mit dem Mami-Alltag zu vereinbaren. Und: Ich bin nicht abhängig davon, dass meine Agentur anruft, dass eine Rolle zu mir passt oder dass ein Casting gut läuft. Ich bin ich. Isabell. Keine Rolle. Ich entscheide, was ich wann poste, worüber ich sprechen will, was ich von mir zeige. Manchmal gelingt es mir nicht, die 100-prozentige, echte Realität abzubilden, völlig transparent und absolut ehrlich zu sein. Weil auch ich schlechte Tage habe, in denen ich am liebsten die Decke über den Kopf ziehen würde. Ich gebe mein Bestes, in meinem Feed nicht nur eitel Sonnenschein zu zeigen, sondern so viel Authentizität, wie sie mir möglich ist. Das klappt mal besser und mal schlechter – und das ist okay, denn ich bin ein Mensch. Ich fühle mich an einem Tag stark wie Wonder Woman und am nächsten zerbrechlich wie chinesisches Porzellan.

Es ist mein Wunsch, den Menschen, die meinen Profilen folgen, etwas von mir zu geben, sie an meinem Alltag teilhaben zu lassen. Mein Leben schreibt Geschichten wie jedes andere, und die, die ich mit der Welt teilen möchte, die teile ich. Ich brauche dafür keine Drehbuchautoren und muss keinen Text lernen. Ich kann selbst aktiv werden, bin unabhängig und bekomme dafür unglaublich viel Feedback, Anerkennung und, ja, auch attraktive Kooperationsanfragen.

Wenn ich andere Kanäle anschaue, finde ich es besonders ansprechend, wenn die Bilder ästhetisch gestaltet und professionell fotografiert sind. Ich mag es, hübsche, aufgeräumte Wohnungen, appetitlich angerichtete Food-Fotografie und starke Portraits zu sehen. Ich weiß, dass auch viele Kanäle sehr bewusst die »ungeschönte Wahrheit« zeigen, unaufgeräumte Spielzimmer, chaotische Küchen und zerknautschte Mama-Gesichter. Das kann erfrischend sein, und ich finde es super, dass andere diesen Weg gehen, um den Druck rauszunehmen, dass alles immer perfekt sein muss. Solch ein Content passt aber nicht zu mir. Zumindest dachte ich das immer. Deshalb habe ich mich dafür entschieden, in meinen Kanälen gut gelaunt, positiv und motivierend aufzutreten. Mein YouTube-Kanal hieß »The Isi Life«, und genau das wollte ich präsentieren. Mein Ziel war es, dass die Leute beim Anschauen meiner Videos ein Lächeln auf den Lippen haben, unterhalten werden und dank meiner positiven Energie ein bisschen fröhlicher und motivierter durch den Tag kommen. Bis Januar 2020 pflegte ich den Kanal regelmäßig, lud jede Woche neue Videos hoch. Bis ich feststellte, dass drei Kanäle – YouTube, Instagram und Facebook – ein bisschen zu viel des Guten sind und ich Prioritäten setzen muss. Ich entschied mich dafür, »The Isi Life« bis auf Weiteres einzustellen und mich erst einmal auf die anderen Medien zu konzentrieren.

Heute, im Januar 2021, mit der schwarzen Wolke im Kopf,

mitten im Tief, zwischen Leere und Selbstzweifeln, gelingt es mir nicht einmal mehr, auf einem einzigen dieser sozialen Medien positive Vibes zu verbreiten. Es ist Winter, draußen ist es seit Tagen verregnet. Es wird gar nicht mehr richtig hell. Genau wie in mir. Auch hier herrscht Dunkelheit. Über die Feiertage habe ich zum Glück eine Social-Media-Pause eingelegt. Ab und zu mache ich das sehr bewusst, um intensiv Zeit mit meiner Familie zu genießen und den Kopf freizubekommen. Die letzten Tage und Wochen waren aber ein Kampf gegen mich selbst. Ich hab den Kopf voller Sorgen, bekomme ihn nicht frei. Trotzdem, besser gesagt gerade deshalb, war diese Pause wichtig.

Doch sie hält nach Social-Media-Maßstäben nun schon ein bisschen zu lange an, und ich spüre den wachsenden Druck. Eigentlich hatte ich schon vorgestern ein Posting geplant. Ich habe es nicht geschafft. Habe drei Nachrichten in meinem Postfach beantwortet, die bereits besorgt nachgefragt haben, ob alles okay ist. Diese Aufmerksamkeit von Menschen, die ich eigentlich gar nicht kenne, rührt mich zutiefst. Ich versuche immer, so viel wie möglich zu beantworten, mit den Followern in Kontakt zu bleiben und präsent zu sein. Das bin ich ihnen doch schuldig – denke ich jedenfalls in einem ersten Impuls. Doch es fällt mir zunehmend schwer. Da sind noch so viel mehr Kommentare, Kontaktanfragen, Messages. Alles To-dos, die stündlich mehr werden. Je weniger ich tue, desto höher wird der Berg. Und je höher der Berg wird, desto tiefer verkrieche ich mich unter meiner Decke. Jede Vibration des Smartphones lässt mich zusammenzucken. Wer stellt jetzt Ansprüche an mich? Welche Anfrage wartet darauf, beantwortet zu werden? Ich müsste so viel mehr tun.

Doch was soll ich denn schreiben? Was soll ich zeigen? Mein Bett in der Abstellkammer? Meinen Ungeduscht-in-Jogginghose-Look als »outfit of the day«? Soll ich davon sprechen, dass ich mich nicht mehr um meine Kinder kümmern kann, weil ich nur noch weine? Niemals.

Ich will nicht jammern. Denn ich weiß genau, dass ich in einer privilegierten Situation bin. Ich darf mich nicht beschweren. Denke ich zumindest.

Auch wenn Claudia von einer reaktiven Depression spricht und sagt, dass ich krank bin. Ich bin doch stark. Ich muss das schaffen. Isi, reiß dich zusammen, setz dich an den Schreibtisch und mach deinen verdammten Job. Und danach holst du deine Kinder ab, kochst Essen und bist für deine Familie da. Das kann doch nicht so schwer sein. Depression hin oder her. Es ist doch nur der Alltag. Alle kriegen das hin.

»Du bist nicht die Einzige, der es gerade schlecht geht. Die Pandemie stürzt sehr viele Menschen in seelische Krisen«, sagt Claudia am darauffolgenden Tag.

Ich runzle die Stirn. »Aber ich lese immer wieder so viele motivierende Texte, sehe Postings und Videos von anderen, die das alles so gut wegstecken. Sie schaffen es, immer positiv zu denken. Backen Brote, Kuchen und basteln kreative Sachen mit ihren Kindern. All das neben dem Alltag. Es scheint so, als würden sie die Krise als Auszeit sehen und geradezu genießen. Und ich? Ich versage auf ganzer Linie.«

»Wieso schaust du dir denn an, was die anderen machen?«

Ich zucke mit den Schultern. »Es lenkt mich ab. Und es ist mein Job.«

»Glaubst du denn, dass das, was du bei den anderen siehst, die Wahrheit ist?«

Ich überlege. »Ja, schon. Aber ... es ist wahrscheinlich nicht alles. Der Teil von mir, den ich auf meinen Social-Media-Kanälen zeige, ist ja auch echt. Aber es ist auch nicht alles. Da ist noch viel mehr.«

Claudia schaut mich schweigend an. Ich habe das Gefühl, dass ich weiterreden muss.

»Dann ist das bei den anderen wohl genauso. Ich sehe nur einen geschönten Ausschnitt. Danach liegen sie vielleicht auch heulend im Bett.«

Claudia nickt. »Ich bin mir sogar ziemlich sicher, dass so ziemlich jede und jeder in diesen Zeiten mit Sorgen, Ängsten oder Überforderung konfrontiert ist.«

Irgendwie tröstet mich das. Ich fühle mich nicht mehr ganz so falsch und allein – wir alle erleiden gerade ein kollektives Trauma. Es ist okay, in eine Krise zu geraten.

Claudia fragt weiter: »Wieso vergleichst du deine Situation eigentlich mit anderen?«

»Naja, ist das nicht normal? Man schaut, ob das, was man so denkt und fühlt, angemessen ist.«

Claudia runzelt die Stirn. »Du sprichst dir selbst deine Gefühle ab, weil andere einen anderen Umgang mit der Situation haben?«

Wenn sie das sagt, klingt das falsch. Aber ja, genau das tue ich. Ich überschütte mich mit Selbstvorwürfen, weil ich denke, dass ich die Einzige bin, die es nicht auf die Reihe bekommt.

»Viele Menschen kommen gerade an ihre Grenzen. Auch wenn man das von außen nicht immer sieht«, sagt Claudia, als hätte sie in meinen Kopf geschaut.

»Ich weiß, anderen geht es zum Teil viel schlechter«, entgegne ich. »Ich bin in einer absoluten Luxus-Position und sollte nicht jammern. Andere haben ihren Job oder geliebte Menschen verloren oder sind krank. Ich hab einfach nur ein bisschen Stress. So wie alle Eltern.«

Claudia schüttelt den Kopf. »Nein, stopp. Du vergleichst schon wieder. Dieses Mal in die andere Richtung.«

»Aber es ist doch so!«, entgegne ich ungehalten.

»Jeder Mensch hat andere Grenzen, andere Erfahrungen, andere Grundvoraussetzungen. Jens und du, ihr erlebt die gleichen Situationen doch auch manchmal auf völlig unterschiedliche Art und Weise, oder?«

»Ja, das stimmt«, gebe ich zu.

»Denkst du, dass deine Empfindungen falsch sind und die von anderen Menschen richtig?«

»Das Gefühl habe ich oft«, sage ich leise. Wenn Claudia das so ausspricht, wird mir bewusst, wie bescheuert das eigentlich ist. Wenn eine Freundin von mir ständig denken würde, dass die Emotionen anderer wichtiger sind als ihre eigenen, würde ich sie bestärken und ihr Mut machen, zu sich zu stehen. Doch mit mir selbst gehe ich völlig anders um.

»Versuche mal, zu sagen, dass du okay bist. Dass es in Ordnung ist, dass es dir gerade nicht gut geht. Völlig egal, ob es anderen besser oder schlechter geht. *Du* spielst die Hauptrolle in *deinem* Leben. Versuch mal, mir nachzusprechen. ›Ich erkenne an, dass es mir schlecht geht. Ich akzeptiere, dass ich gerade nicht mehr kann. Ich gestehe mir ein, dass auch ich nur ein Mensch bin.‹«

Ich spreche Satz für Satz nach, komme mir blöd vor, merke aber gleichzeitig, wie sich eine Wärme in mir ausbreitet. Die Worte fühlen sich an wie eine Umarmung. Ich spüre plötzlich, wie mir die Tränen übers Gesicht laufen.

»Gut gemacht«, sagt Claudia.

Es ist das erste Mal seit einer langen Zeit, dass sich meine Tränen gut anfühlen.

Auch wenn ich meine Situation dank Claudia mehr und mehr annehmen und akzeptieren kann, bleibt der Druck, wieder präsent zu sein. Normalerweise macht es mir Spaß, mir zu überlegen, wie ich Produkte zeige, welche Alltagssituation dazu passt, was ich schreiben kann. Doch gerade fällt mir all das so schwer wie noch nie. Andere Leute gehen auch ins Büro, obwohl sie keine Lust haben, schimpft meine innere Stimme mich aus. Doch gleichzeitig weiß ich: Im Büro könnte ich mich abmelden, einen Krankenschein einreichen und mich erholen. Würde dabei sogar weiterhin Gehalt bekommen. Als Influencerin ist das anders. Abwesenheit wird vom Algorithmus bestraft. Weniger Sichtbarkeit, weniger Interaktion und als Ergebnis weniger Follower. Ich muss zurückkehren. Sonst verliere ich diesen Job, meine Kooperationspartner wenden sich ab, es kommen keine neuen Anfragen rein, meine Community löst sich auf. Bei einer Serienrolle kann mich schlimmstenfalls jemand ersetzen, hier nicht. Niemand kann mich ersetzen. *Ich* halte den Laden zusammen. Mehr noch: Ich *bin* der Laden.

Ich setze mich aufrecht hin, atme tief durch und mache mich an die Arbeit. Am Anfang fällt es mir nicht leicht, doch nach einer halben Stunde kann ich bereits meine eigene Situation vergessen und bin völlig in der Arbeit versunken. Es ist ein kleiner Anfang. Aber ein guter.

24

Als ich bei Claudia sitze, ist meine positive Grundhaltung vom Vortag verschwunden. Ich tue mich schwer, ihr von meinen Gefühlen rund um meinen Job zu erzählen. Ich weiß, dass viele Menschen die sozialen Medien und die Arbeit von Influencern für banal halten. Dann ist man halt offline, na und? Das Leben findet nicht online statt. Doch für mich steckt viel mehr dahinter. Ich habe mir meine Selbstständigkeit und eine finanzielle Unabhängigkeit auf diese Weise aufgebaut, ich liebe diesen Beruf, ich will so gern weitermachen. Und gleichzeitig kann ich gerade einfach nicht Tag für Tag die fröhliche Isa mimen. Egal, wie ich es drehe und wende, alles fühlt sich falsch an: weitermachen und nicht weitermachen.

»Musst du denn so weitermachen wie bisher?«, fragt Claudia, als ich ihr davon erzähle.

»Ja, schon. So ist mein Kanal eben aufgebaut. Motivation, lustige Szenen aus dem Alltag, gute Laune.«

Claudia überlegt. »Okay, ich glaube, das verstehe ich. Ein Lifestyle-Magazin veröffentlicht nicht plötzlich schwere, hochpolitische Inhalte. Kann man das vergleichen?«

»Ja, das trifft es eigentlich ganz gut.«

Claudia überlegt weiter. »Du hast erzählt, dass du einige Einnahmen aus diesem Job generierst. Sind diese Einkünfte für dich überlebenswichtig?«

Ich wackle mit dem Kopf hin und her, jein. »Nicht unbedingt. Die Schauspielerei ist zusammen mit Jens' Einkommen ausreichend. Aber es gibt mir ein gutes Gefühl, auf eigenen Beinen zu stehen, wenn ich gerade keine Anstellung als Schauspielerin habe.«

Oder, denke ich, wenn ich gerade fast jeden Tag die Hilfe einer Psychotherapeutin aufsuchen muss, weil ich ansonsten gar nicht im Leben klarkäme. Ich bezahle diese Therapie aus eigener Tasche – und ich bin verdammt froh, dass ich mir diesen »Luxus« leisten kann. Gleichzeitig macht es mich sehr traurig, weil ich weiß, wie viele Menschen es gibt, die monatelang auf einen Therapieplatz warten, weil es in diesem Land zu wenig Psychologen und Therapeuten gibt. Das ist doch Mist! Diese Art der Hilfe darf doch nicht nur den Leuten vorbehalten sein, die es sich leisten können. Sofort bekomme ich ein schlechtes Gewissen. Dann jedoch wird mir klar: Meine negativen Gefühle helfen niemandem. Also mache ich mir einmal mehr klar, wie dankbar und demütig ich bin, mit meinen beiden Berufen für dieses finanzielle Polster sorgen zu können.

Claudia versteht mich und gibt mir dadurch ein gutes Gefühl. Manchmal treffe ich Menschen, die sich über die in ihren Augen völlig verrückt gewordene Medienwelt lustig machen. »Influencerin« ist für sie kein ernst zu nehmender Job. Deshalb erzähle ich ungern von meinen Erlebnissen und Gefühlen rund um dieses Thema. Natürlich ist es eine Bubble, das weiß ich, natürlich gibt es Wichtigeres im Leben. Dennoch wünsche ich mir, dass manche Leute meine Leidenschaft und meinen Beruf ernster nehmen. Dass sie sehen, wie viel ich dafür arbeite, wie viel Kreativität, Zeit und Herz in meinem Content steckt. Ich tue das nicht, weil es alle machen oder weil ich das große Geld wittere. Ich tue das, weil ich Spaß daran habe, die Menschen mag, mit denen ich in Kontakt komme, und glaube, dass meine Inhalte sowohl mir als auch meiner Community guttun.

Claudia nimmt mich ernst. Sie schafft es, mir das Gefühl zu geben, einen wertvollen Job zu haben, der in keiner Weise anderen Berufen nachsteht. Dafür könnte ich sie knutschen, tue ich aber nicht. Therapie lebt auch von einer gewissen professionellen Distanz.

»Bevor du ganz praktisch eine Lösung suchst, glaube ich, dass es sinnvoll ist, nochmal genau hinzuschauen, wieso dir dieser Job wirklich gefällt. Mal abgesehen von deinen Einkünften.«

Ich druckse ein wenig herum. Gar nicht so einfach, wenn man gerade in einer Phase ist, in der gar nichts mehr Spaß macht und die Gedanken tiefschwarz und durchweg negativ sind.

»Ich muss mich zurückerinnern«, gebe ich zu. »Im Moment fühlt sich alles nur nach Druck und Stress an. Bis vor ein paar Monaten war ich noch authentisch auf meinen Kanälen, gerade ist viel fake. Ich spiele eine Rolle. Aber vorher ... ich mochte es, kreativ zu sein. Mir immer wieder neue Inhalte zu überlegen und das Leben mit Kindern auf unterhaltsame Weise zu präsentieren. Meine eigenen Erfahrungen konnte ich durch den Austausch mit anderen etwas gelassener nehmen und durch die Likes sehen, dass das gut ankommt.«

»Wie wichtig ist dir, dass deine Inhalte gut ankommen?«, fragt sie.

»Naja, das ist die Basis für den Erfolg im Social-Media-Bereich.«

»Das stimmt. Aber geh mal in dich. Was löst es in dir aus, wenn mal ein Posting nicht so gut ankommt? Wenn es nicht so viel kommentiert wird und nicht so viele Likes bekommt?«

Ich überlege. Hier bei Claudia ist mein Safe Space, hier darf ich alles zugeben. Also bin ich so ehrlich, wie ich sonst nicht mal zu mir selbst bin. »Ich habe daran zu knabbern«, gebe ich zu. »Die Likes sind so etwas wie eine Bestätigung dafür, dass ich Dinge richtig mache. Ich hole mir von außen das Okay, dass ich gut so bin, wie ich bin.«

Claudia schaut mich beeindruckt an. »Du kannst dich inzwischen wirklich gut selbst reflektieren. Das ist klasse.«

Ich lächle stolz, obwohl das, was ich gerade gesagt habe, nun wirklich kein Grund ist, stolz zu sein.

»Und nun? Wie ändere ich das jetzt?«, frage ich.

Claudia lacht. »Wäre schön, wenn wir unser Denken einfach mal eben ausknipsen könnten, oder? Nein, im Ernst: Ich glaube, dass du tief in dir drin gerade selbst merkst, was das Problem ist, oder?«

Ich nicke. »Ich suche Bestätigung im Außen, statt mir selbst zu vertrauen. Mein Selbstwert sollte aus mir selbst kommen.«

»Genau.«

Ich denke darüber nach. Lange. Dann sage ich: »Es ist eigentlich egal, was andere denken, wenn man sich selbst mag.«

»Uneigentlich auch«, witzelt Claudia.

»Darüber muss ich nachdenken«, gebe ich zu. Eine so banale Weisheit. Peinlich, dass sich das für mich so neu anfühlt. Ich habe das selbst schon oft gehört, gelesen und sogar anderen gesagt. Aber es ist noch einmal etwas völlig anderes, diese Erkenntnis wirklich auf mich selbst und mein Leben zu beziehen. Je länger ich drüber nachdenke, desto bewusster wird mir, dass ich mich ständig davon habe beeinflussen lassen, was andere denken.

»Das ist gut«, sagt Claudia. »Genau für diese Gedankenanstöße bist du hier. Ich bin mir sicher, dass du aus deinen Gedanken lernen und dich weiterentwickeln wirst.«

Mich weiterentwickeln. Gutes Stichwort. Ich denke daran, dass ich früher Fitness-Videos geteilt habe und dann zu Mami-Inhalten gewechselt bin. Es ist möglich, mich weiterzuentwickeln. Der Vergleich von Claudia mit dem Lifestyle-Magazin erschien mir in dem Moment richtig, doch eigentlich stimmt das nicht. Mein Kanal wird von mir gestaltet, es gibt keinen Verlag, keinen Herausgeber, niemanden, der mir sagt, welche Zielgruppe ich bedienen soll. Theoretisch kann ich jederzeit damit beginnen, nur noch Informationen über Krötenwanderungen oder Pferdehaltung zu posten. Oder über Dinge, für die ich wirklich brenne. Die wichtig sind: mentale Gesundheit. Eine ausgewogene, gesunde Ernährung. Bewegung. Kleine Wohlfühlmomente im Alltag. *Ich* entscheide, wo es langgeht.

Ich könnte einfach erzählen, was los ist. Der Welt zeigen, dass bei mir gar nicht alles so easy-peasy ist. Einmal habe ich das ja auf YouTube bereits getan, als ich mich mit Ella völlig erschöpft gezeigt habe. Keine Inszenierung. Drei Monate mit Baby – so sieht's aus, Leute. Ich habe vor der Kamera geweint, mich geöffnet. Die lustige, motivierende, glückliche Isabell war kurz mal verschwunden, eine weinende, müde, überforderte Isabell war zu sehen. Hat mir das jemand übelgenommen? Es waren vielleicht ein paar wenige fiese Kommentare dabei. Dass ich nicht jammern soll, dass ich froh sein kann, ein gesundes Kind zu haben. Dass ich doch damit rechnen müsse, dass ich kaum Schlaf bekomme, wenn ich ein Baby habe. Ja, natürlich erreichten mich solche Nachrichten, und natürlich war ich verletzt. Doch der absolute Großteil, bestimmt 98 Prozent der Reaktionen waren positiv. Überwältigend positiv. Mütter schrieben mir, wie froh sie seien, dass es bei mir genauso liefe. Dass sie auch gerade heulend am Frühstückstisch säßen, völlig kaputt und am Ende, und es als wahnsinnig tröstend empfunden hätten, dass auch bei mir, der Gute-Laune-Isa, nicht alles perfekt sei. Ich hätte ihnen die Selbstzweifel genommen, sie bestärkt, ihnen gezeigt: Es ist okay, so zu fühlen. Es ist normal, dass man mit Baby an seine Grenzen kommt. Viele machten mir Mut, dass es wieder besser werden würde. Ich müsse nur durchhalten – diese Phasen kenne jede Mama.

All das schrieben sie mir. Und auch, dass ich mich nicht schämen müsse. Dass ich alles genau richtig mache, auch wenn es sich gerade nicht danach anfühlen würde. Ich war gerührt davon, was für eine Welle der Solidarität und des Mitgefühls mich erreichte. Und meine Kooperationspartner waren keineswegs verärgert. »Genau diese Ehrlichkeit und Offenheit brauchen wir!«, schrieb mir sogar ein Kontakt.

Ich könnte es wieder tun und ehrlich sein. Ich könnte mich öffnen, von meiner seelischen Verfassung berichten, öffentlich machen, was los ist.

Beim Frühstück am nächsten Tag erzähle ich Jens davon, dass ich mit dem Gedanken spiele, über meine Depression zu schreiben. Er kann zwar nachvollziehen, dass ich mit meinem Gute-Laune-Content gerade nicht weitermachen kann, doch er macht sich Sorgen, dass dieser Schritt nach hinten losgehen könnte.

»Ich weiß nicht so recht. Wenn ich mich im Netz umschaue, sind die Kommentare so krass, so hart, so unbarmherzig geworden. Corona hat den Hass um ein Vielfaches potenziert, finde ich«, gibt er zu bedenken. »Wenn du emotional stabil wärst und die Kommentare und Meinungen an dir abprallen würden, dann würde ich sagen: Go for it. Steh dazu. Aber ich mache mir Sorgen um dich. Was, wenn es gemeine Kommentare gibt? Was, wenn dich jemand runtermacht und du nicht ernst genommen wirst?«

Ich starre auf das Müsli vor mir und rühre ein wenig mit dem Löffel darin. Er hat meinen wunden Punkt getroffen. Davor habe ich Angst. Vor der Ablehnung, vor den Gemeinheiten, vor Hass und Häme.

»Und die Presse wird das auch als gefundenes Fressen sehen«, fügt er hinzu und streut damit Salz in die Wunde.

Ich nicke. Er hat recht, das Risiko ist hoch. Wahrscheinlich zu hoch. Ich habe dafür nicht die nervliche Kapazität, nicht das dicke Fell, das man für so ein Outing braucht.

»Aber was soll ich sonst machen? Einfach aus der Social-Media-Welt verschwinden? Das geht auch nicht. Dann lauert mir die Presse auch auf. Weitermachen wie bisher, alles happy, alles gut? Das kann ich nicht. Jens, ich kann das einfach nicht mehr. Was soll ich denn nur tun?«

Ich merke, wie mir die Tränen wieder in die Augen steigen. Alles erscheint so ausweglos.

Jens steht auf und kommt zu mir. Er nimmt mich in den Arm. Als wir uns voneinander lösen, greift er meine Schultern und schaut mich ernst an.

»Dann tu es. Geh raus. Du darfst zu dir stehen. Mir ist es sowieso egal, was die Welt da draußen sagt. Du zählst, wir zählen, unsere Familie zählt. Das kann kein blöder Internet-Kommentar kaputt machen. Vergiss das nie, versprochen?«

Okay, jetzt weine ich so richtig. Ich ziehe Jens an mich und drücke ihn noch einmal. So fest, dass er nach Luft japst. Wir müssen beide lachen.

»Ich liebe dich«, sagt er.

»Trotz allem?«, frage ich mit einem Schluchzen.

»Wegen allem«, antwortet er.

25

Ich formuliere zum ungefähr vierundfünfzigsten Mal die Sätze um. Gehe mögliche Missverständnisse durch, überlege, was man falsch verstehen könnte. Ich lese den Text laut vor und fühle in mich hinein, ob das alles zu mir passt. Ja, schon. Das bin ich. Das ist mein Fühlen und Denken. Und dennoch tue ich mich schwer, all das zu veröffentlichen. Ich öffne mich nicht nur vor meinen Followern, sondern vor der ganzen Welt. Alle werden wissen, dass ich eine Depression habe. Meine Nachbarn. Die nette Frau beim Bäcker, bei der ich immer Brötchen kaufe. Meine Kollegen, meine Bekannten, meine entferntesten Über-Fünf-Ecken-Familienmitglieder. Potenzielle geschäftliche Kontakte, Produktionsfirmen, TV-Sender, Marketing-Leute. Meine Kinder, wenn sie größer sind. Alle. Werde ich je wieder einen Job bekommen? Was, wenn man sich hinter meinem Rücken zuflüstert: »Das ist doch die Depressive, die hält so einen straffen Drehplan nicht durch.«

Was sage ich, wenn die Kassiererin im Supermarkt plötzlich fragt, wie es mir denn inzwischen so gehe?

Die Depressive, die Bekloppte, die tickt doch nicht mehr richtig. Bestimmt gibt es Leute, die so etwas denken. Aber sind diese

Leute wichtig? Steh ich da drüber? Kann ich das? Bin ich bereit für diesen Schritt?

Ich zögere. Einatmen, ausatmen. Ein letztes Mal lesen:

Es fällt mir nicht leicht, über die letzten Wochen zu sprechen. Denn es ging mir nicht gut. Tag für Tag verlor ich mehr Freude am Leben. Der Alltag, die täglichen Aufgaben, das Leben mit meiner Familie ... Die einfachsten Dinge fielen mir unendlich schwer. Ich verlor wegen Kleinigkeiten die Nerven. An manchen Tagen kam ich aus dem Weinen nicht mehr heraus.

Und irgendwann ging einfach gar nichts mehr. Ich konnte nicht mehr aus dem Bett aufstehen. Meine Gedanken waren kohlrabenschwarz. In meinem Kopf erklangen immer wieder dieselben Sätze: Stell dich nicht so an! Andere schaffen das doch auch. Was stimmt nicht mit dir?

REAKTIVE DEPRESSION.

Ich wäre fast vom Stuhl gefallen, als mir die Therapeutin die Diagnose mitteilte. Eine Depression? Ich?!

Sie erklärte mir, dass eine solche Depression als Reaktion auf ein belastendes Ereignis eintreten könne. Was dabei als belastendes Ereignis empfunden werde, sei von Person zu Person unterschiedlich. Mit ihrer Hilfe, meinem großartigen Freund Jens und vielen, vielen Übungen, die ich mittlerweile jeden Tag mache, tastete ich mich langsam wieder zurück in den Alltag.

Es geht mir besser, wenn auch noch nicht gut. Ich bin immer noch nicht wieder die Alte. Doch ich werde in den nächsten Tagen mehr zu diesem Thema schreiben. Auch weil ich hoffe, dass ihr, falls es euch ähnlich geht wie mir vor einiger Zeit, früher gelingt, die Reißleine zu ziehen und euch Hilfe zu holen.

Nochmal atmen. Ach, scheiß drauf, ich mach das jetzt. Ich tippe auf »Teilen«, kreische kurz auf, werfe das Smartphone aufs Sofa und schlage die Hände vor mein Gesicht. Ahhh!

»Herzlichen Glückwunsch!«, sagt Claudia strahlend, als ich ihr erzähle, dass ich es wirklich getan habe.

Ich habe ständig den Impuls, mein Smartphone aus der Tasche zu ziehen und nachzuschauen, wie die ersten Reaktionen aussehen. Sehr bewusst habe ich mich aber dafür entschieden, es zu Hause zu lassen. Spazieren gehen, zu Claudia gehen, reden, denken, bei mir bleiben. Das Außen erstmal aussperren.

»Wie geht es dir damit?«, fragt Claudia.

»Ich habe mir fest vorgenommen, ganz bei mir zu bleiben und mir immer wieder zu sagen, dass es egal ist, wie die Leute reagieren. Und dass es nur wichtig ist, dass ich mich wieder authentisch zeigen darf und der Mensch sein kann, der ich eben im Moment bin.«

»Und, klappt das?«, fragt Claudia.

»Geht so«, gebe ich zu und lächle schief. »Ich bin ziemlich aufgeregt, wie diese Info aufgenommen wird. Wenn ich ehrlich bin, habe ich auch Angst, dass ich gehässige Kommentare kassiere. Und ich habe Hoffnung, dass es nicht so ist. Alles gleichzeitig.«

»Das ist ganz normal«, sagt Claudia. »Wenn man so etwas tut und sich der Öffentlichkeit stellt, dann wäre es nahezu unmenschlich, wenn man nicht auf die Reaktionen gespannt wäre. Es geht nun eher darum, dass du einen Weg findest, mit allen Optionen umzugehen. Sowohl mit viel Zuspruch als auch mit Ablehnung. Denn auch positive Reaktionen können herausfordernd sein. Ich stelle mir vor, dass die Medien dann Interviews mit dir wollen, oder?«

»Ja, das kann sein«, antworte ich und kraule den Hund, der heute wieder da ist. Sein Kopf ist so weich und flauschig. Ich möchte auch gern mal ein Hund sein, nur für einen Tag. Dösen, Bällen hinterherjagen und gestreichelt werden. Klingt nach einem perfekten Tag. »Aber das ist okay. Ich hoffe, die Welt versteht, dass es Phasen im Leben gibt, in denen es nicht so einfach ist. Dass man sich nicht verstecken oder schämen muss. Vielleicht inspiriere ich sogar jemanden damit, sich frühzeitig Hilfe zu holen.«

Ich setze mich beim Sprechen gerade hin, stelle die Füße nebeneinander und drücke die Schultern nach hinten. Claudia beobachtet mich dabei.

»Aber keine Ahnung, ob das wirklich so gut ankommt. Ich denke immer wieder darüber nach, ob ich in der Position bin, mich zu beklagen. Es gibt so viel Leid in dieser Welt, wirklich schlimme Schicksale. Ich habe so viel Schönes im Leben und rein objektiv betrachtet geht es uns doch gut. Dann von Depressionen zu sprechen, finden manche Menschen vielleicht ... überheblich. Unangebracht.«

Ich drehe die Ringe an meinen Fingern hin und her, betrachte meine Fußspitzen und schlage die Beine übereinander. Ich sinke ein wenig tiefer in das Polster des Stuhls ein.

»Weißt du, was du gerade getan hast?«, fragt sie.

»Ich ... also, ich war erst optimistisch und bin dann wieder eingeknickt. Oder was meinst du?«

»Ich meine nicht nur den Inhalt von dem, was du gesagt hast. Da ist ganz viel mit deinem Körper passiert. Halte mal inne, mach die Augen zu und scanne deinen Körper.«

Ich schließe die Augen.

»Wir beginnen bei den Füßen. Spüre, wie und wo sie stehen, wie sie sich anfühlen.«

Ich fühle in meine Füße hinein. Da ich die Beine übereinandergeschlagen habe, hängt ein Fuß in der Luft. Er kribbelt ein wenig. Der andere steht auf dem Boden, auf die Außenkante gekippt.

»Gehe weiter zu deinen Beinen. Wie fühlen sie sich an?«

Ich merke, dass die Beine etwas eingeklemmt sind. Ungesund.

»Keine Bewertung«, hakt Claudia ein. »Nicht überlegen, was richtig oder falsch ist. Nur wahrnehmen. Wir gehen weiter zu Hüfte und Gesäß.«

Ich spüre weiter. Hüfte und Gesäß sind etwas schief, aber entspannt. Der Stuhl ist bequem.

»Und weiter zum unteren Rücken. Wie fühlt der sich an? Wie sitzt du?«

Ich merke, dass ich ziemlich zusammengesunken bin. Runder Rücken, der etwas zwickt an der Seite. Ich müsste mich mal wieder mehr bewegen. Nein, stopp, das war eine Bewertung.

»Und weiter zum oberen Rücken.«

Auch hier nehme ich die Krümmung der Wirbelsäule wahr.

»Fokus auf die Schultern. Wie fühlen sie sich an?«

Mit geschlossenen Augen spüre ich, wie meine Schulterblätter nach vorn gesunken sind und sich schlapp anfühlen. Habe ich nicht gerade noch anders dagesessen? Wann bin ich so zusammengesunken?

»Nun der ganze vordere Bereich des Oberkörpers. Was passiert da?«

Der Bauch wirft Falten, wird vom Hosenbund etwas zusammengequetscht. Die Bewertung kommt, ohne dass ich etwas dagegen tun kann: »Ich habe eine schreckliche Haltung!«

Claudia unterbricht meine Gedanken. »Spür noch in deinen Nacken. Und in deinen Kopf. Wie geht es deinem Gesicht? Sind die Muskeln angespannt oder entspannt?«

Erst als ich mit geschlossenen Augen Stück für Stück alles

abscanne, bemerke ich, an wie vielen Stellen ich verkrampfe. Meine Augenbrauen sind zusammengezogen, meine Stirn ist angespannt. Meine Zähne presse ich leicht zusammen.

»Du kannst die Augen wieder öffnen«, sagt Claudia. »Wie fühlst du dich?«

Ich überlege. »Meine Haltung könnte aufrechter sein. Und ich bin angespannter, als ich dachte.«

»Genau. Unser Körper spiegelt unsere Gedanken viel stärker, als wir glauben. Oft sind wir unter Dauer-Anspannung, ohne es zu bemerken. So ein Körperscan kann dabei helfen, diesen Zustand ganz bewusst wahrzunehmen. Und die gute Nachricht: Durch eine Änderung der äußeren Haltung tut sich auch oft etwas im Inneren. Wenn wir uns bewegen, aktiv sind und unsere Haltung stark, stolz, kräftig und gleichzeitig locker und entspannt ist, hat das auch Einfluss auf unsere Psyche.«

»Stark und kräftig ... Ich muss mehr Sport machen«, sage ich.

Claudia lacht. »Sport kann nie schaden und tut der Psyche fast immer gut, das stimmt. Aber das meine ich gar nicht. Gerade war es spannend, deinen Körper zu beobachten. Als du davon erzählt hast, dass du dazu stehen möchtest, dass du manchmal schwach bist und dass seelische Krisen kein Grund sind, sich zu schämen, hat dein Körper diese Aussage gespiegelt. Du hast dich aufgerichtet, die Schultern nach hinten genommen, die Beine fest auf den Boden nebeneinandergestellt und den Kopf angehoben. Du hast stolz und selbstbewusst gewirkt. Dann, als du von deinen Ängsten berichtet hast, bist du wieder zusammengesunken, der Rücken wurde rund, du hast dich wortwörtlich kleingemacht. Nicht nur mit deinen Worten, auch mit deinem Körper.«

Unweigerlich versuche ich, mich etwas aufzurichten. Claudia bemerkt das.

»Genau. Wir versuchen nun ganz bewusst, den Körper und deine Haltung stabil, stark und stolz wirken zu lassen.«

Stück für Stück scanne ich meinen Körper unter Claudias Anleitung noch einmal. Am Ende sitze ich zwar immer noch, aber die Beine stehen gut geerdet nebeneinander, ich bin weiter vorn an der Stuhlkante, mein Rücken ist gerade, meine Schultern habe ich nach unten und hinten gezogen. Mein Gesicht ist entspannt, die Kiefermuskeln sind locker.

»Stell dir vor, an deiner Scheitelkrone ist ein Faden, an dem dich jemand hochzieht«, sagt Claudia.

Ich werde noch ein Stück größer.

»Perfekt. Und? Was fühlst du?«

»Fühlt sich gut an«, stelle ich fest. »Gesund. Stabil.«

»Super. Dann versuche mal, diese Übung auch zu Hause umzusetzen, wenn du merkst, dass du dich im wahrsten Sinne des Wortes kleinmachen lässt. Von dir selbst oder von anderen. Du selbst kannst dich wieder aufrichten, denk dran.«

Zu Hause angekommen kann ich es nicht länger aushalten und schnappe mir sofort Smartphone und Laptop. Hunderte Likes und Kommentare sind eingegangen. Zig Nachrichtenanfragen warten im Instagram-Postfach. Das gleiche Bild zeigt sich in meinem E-Mail-Postfach. Viele Freunde und Bekannte, die mein Posting gelesen haben, haben mir Nachrichten geschickt. Auch die ersten Presseartikel haben mein Posting bereits aufgegriffen. Ich atme ein und lange aus, um meinen Herzschlag zu beruhigen. Dann setze ich mich gerade und stolz hin, so, wie ich es gerade gelernt habe. Und ich beginne zu lesen.

Nach zwei Stunden lege ich Smartphone und Laptop beiseite. Ich greife mir noch ein Taschentuch, putze mir die Nase und wische die Tränen von meinem Gesicht. Es sind keine Tränen der Verzweiflung, sondern Tränen der Erleichterung und Rührung. Ich hätte niemals gedacht, dass meine Ehrlichkeit solch eine Welle an Reaktionen lostritt.

Da sind zum einen all diejenigen, die mir Mut machen und Trost spenden. Ich bekomme Links zu Hilfsangeboten, Artikeln und Podcasts zu dem Thema zugeschickt. Menschen schreiben mir, dass ich mich auf keinen Fall schämen oder verstecken müsse und stolz auf mich sein könne, zu meiner Erkrankung zu stehen.

Viele berichten mir zudem davon, dass es ihnen genauso gehe. Einige sind bereits in Behandlung und schämen sich zeitweise dafür – mein Posting hat ihnen gezeigt, dass es wirklich jeden treffen kann und dass eine Depression keine Schwäche, sondern eine Krankheit ist. Wegen eines gebrochenen Beines oder einer dicken Erkältung schämt sich doch auch keiner. »Wir halten zusammen, okay?«, schreibt eine andere Mama, und ich bin zutiefst gerührt, obwohl ich sie überhaupt nicht kenne.

Besonders überrascht bin ich davon, wie viele Leute sich mir öffnen, mir ihre eigene Lebens- und Leidensgeschichte erzählen, ihre Sorgen, ihre Ängste. »Meinst du, das ist schon eine Depression?«, fragt mich eine Frau, die mir ihre Symptome geschildert hat.

»Ich bekomme keinen Therapieplatz. Kannst du mir ein paar Tipps aus deiner Therapieerfahrung weitergeben, wie du aus deiner Krise herausgekommen bist?«, bittet mich eine andere.

Anfragen wie diese überfordern mich im ersten Moment. Ich bin keine Therapeutin und kenne diese Menschen nicht. Irgendwelche Übungen weiterzugeben, ohne den Kontext zu kennen, erscheint mir falsch. Dennoch versuche ich, gerade den Hilfesuchenden so schnell und einfühlsam wie möglich zu antworten. Ich verschicke Nummern der Telefonseelsorge und erkläre, dass im Notfall, bei akuten Suizidgedanken beispielsweise, auch der Notruf eine Option ist. Immer mehr Schlagzeilen ploppen auf:

Ex-GZSZ-Star Isabell Horn über ihre Depressionen:
»Kam aus dem Weinen nicht mehr heraus«

Ex-GZSZ-Star Isabell Horn. Depression & Therapie:
Erstmals spricht sie über ihre mentale Gesundheit

Ex-GZSZ-Star Isabell Horn geht in Therapie – Nervenzusammenbruch im 2. Lockdown

Anfangs lese ich jeden Artikel. Bin hin- und hergerissen zwischen Stolz, Reue und Unsicherheit.

»Lies die Artikel einfach nicht mehr«, sagt Jens irgendwann, als ich wieder aufgeregt eine Schlagzeile vorlese. »Ist doch egal. Du hast gesagt, was du sagen wolltest, und kannst jetzt weitermachen. Was die anderen daraus machen, beeinflusst du eh nicht mehr.«

Er hat recht. Ich bin sowieso zunehmend genervt davon, immer wieder zu googeln und zu bangen, was heute über mich in die Welt posaunt wird. Erinnerungen an die Pressewand bei »GZSZ« kommen hoch. Ebenso die zwiespältigen Gefühle, die kribbelige Neugier, die nagende Sorge. Und die Machtlosigkeit.

Ich habe keine Lust mehr darauf. Ich bin nicht mehr das Küken, das seine erste Serienrolle hat und abhängig davon ist, von allen gemocht und bejubelt zu werden. Es ist mir egal, was die Presse sagt. Überrascht merke ich, dass ich diesen Gedanken nicht nur rational denke, weil ich vermute, dass es richtig und besser wäre, so zu empfinden, sondern dass ich die Gelassenheit wirklich tief in mir fühle. Ich bin gewachsen.

Weiterhin arbeite ich mit Claudia, nehme meine Vitamine, fokussiere mich wieder auf mich und meine Arbeit und spüre, wie die Energie zurückkehrt und sich die schwarze Wolke in meinem Kopf Stück für Stück verzieht. In allen Lebensbereichen. Als Mama bin ich endlich wieder Teil der Familie. Ich liege tagsüber nicht mehr im Bett, bekomme den Alltag wieder auf die Reihe. Ich habe Spaß daran, mit den Kindern Quatsch zu machen, bin stolz auf ihre Fortschritte und stecke auch mal eine durchwachte Nacht mit einem kranken Kind weg, ohne sofort alle Energiereserven aufzubrauchen.

Als Schauspielerin lerne ich wieder schneller meine Texte, kann mich besser konzentrieren und habe beim Spielen richtig Spaß. »Bettys Diagnose« ist ein Glücksfall für mich. Das Team ist der Hammer, meine Rolle passt zu mir. Keine Pressewand, kein Druck, ein entspannter Umgang miteinander. Ich genieße die Drehtage in vollen Zügen.

Auf meinen Social-Media-Kanälen schreibe ich nicht mehr nur über Gute-Laune-Themen, sondern immer häufiger auch über mentale Gesundheit. Ich teile die schönen Tage mit der Community, ebenso wie meine Unsicherheiten. Ich erkenne mich endlich wieder selbst und bin von der Last befreit, immer funktionieren und dem perfekten Bild entsprechen zu müssen.

Jedes Mal bin ich stolz, wenn Followerinnen mir schreiben, dass meine Inhalte ihnen das Gefühl geben, dass sie nicht allein sind und dass sie meine Gedanken und Gefühle zu hundert Prozent nachvollziehen können. Nach wie vor sieht man zwar keine Wollmäuse und Küchenchaos auf meinem Kanal – mein Sinn für Ästhetik und schöne Bilder ist geblieben –, aber die Inhalte spiegeln das echte Leben wider.

Manchmal bin ich glücklich, manchmal bin ich unsicher. Manchmal bin ich stolz, selbstbewusst und ausgeglichen, manchmal habe ich Sorgen, Zweifel, Ängste und eine viel zu kurze Zündschnur. Ich habe das inzwischen akzeptiert – und kann dadurch viel gelassener und liebevoller mit mir selbst umgehen. Hey, ich bin eben auch nur ein Mensch. Ich bin okay.

Ella rennt durch den Flur und kreischt. »Mama, Mama, schnell!«

Ich lege mein Smartphone weg, die Kommentare und Nachrichten können warten. »Was ist los?«

»Es ist etwas passiert«, ruft Ella und reißt die Augen auf. Kurz flammt Panik in mir auf.

»Komm!«

Jens steht auch auf, und wir eilen ihr hinterher. Sie läuft zur Kochinsel und zeigt auf die Arbeitsplatte. »Da, guck!«

Jens und ich versuchen zu verstehen, was sie meint.

»Die Schokolade ist runtergefallen und kaputt gegangen.«

Ella senkt den Kopf.

Ich lache erleichtert, Jens nimmt sie auf den Arm.

»Das ist doch nicht schlimm«, sagt er beruhigend und küsst Ella auf die Haare.

Sie nickt erleichtert. Dann verzieht sich ihr Mund zu einem Grinsen. »Wenn die eh kaputt ist, können wir sie ja auch essen.«

»Schokolade essen!«, ruft Fritz aus dem Kinderzimmer und kommt die Treppe herunter. Er hat seine Ohren überall.

Wir lachen. Dann kuscheln wir uns alle gemeinsam aufs Sofa und naschen Schokolade, die auch mir endlich wieder schmeckt.

Jens beugt sich zu mir rüber, gibt mir einen Kuss. In seinen Augen funkelt das Glück, sein Blick ist butterweich.

»Bleibt das jetzt so?«, fragt er.

Ich lächle ihn an. »Ich hoffe es. Und wenn nicht, kriegen wir das auch wieder hin.«

WAS IST EINE KRISE?

Der Begriff »Krise« markiert einen Höhe- oder Wendepunkt einer Konfliktentwicklung. Wenn die Grenzen der Belastbarkeit überschritten werden und die »normalen« Ressourcen nicht mehr ausreichen, um Konflikte und die damit einhergehenden Veränderungen zu bewältigen, geraten Menschen in eine Krise. Meist ist eine Krise negativ konnotiert. Wenn man sich den Ursprung des Wortes anschaut, wird deutlich, dass diese negative Konnotation aber eigentlich falsch ist.

Die Wortherkunft liegt in der griechischen Sprache und bedeutet so viel wie »Entscheidung«, später wurde es auch im Sinne von »Zuspitzung« verwendet. Im Deutschen wurde das Wort im 16. Jahrhundert zuerst in medizinischen Zusammenhängen genutzt. Dabei ging es vor allem um Fieber-Erkrankungen, die sich in der sensibelsten Phase befanden, in der sich entschied, ob es mit einem schweren, womöglich sogar tödlichen Verlauf oder einer Erholung und Genesung weiterging. Ja oder Nein. Leben oder Tod. Hier oder dort. Eine Krise markiert immer eine Veränderung, ein »Weiter so« gibt es nicht.

Eine psychische Krise kann somit also auch eine große Chance sein, sich weiterzuentwickeln, die Krise in etwas Positives zu wandeln und daran zu wachsen.

Manche Krisen entwickeln sich in den üblichen Lebensabschnitten, beispielsweise in der Pubertät, der Midlife-Crisis oder beim Eintritt ins Rentenalter. Andere Krisen werden durch äußerliche Ereignisse ausgelöst, die traumatisch auf die Psyche wirken, unter anderem ein Unfall, eine unerwartete Trennung, Tod, Krankheiten oder Naturkatastrophen.

Persönliche Krisen können in verschiedenen Lebensbereichen auftauchen: Körper/Psyche, Arbeit/Leistungsfähigkeit, soziale Beziehungen, materielle Sicherheit sowie Werte und Normen. Diese Bereiche kann man auch als »Säulen der Identität« bezeichnen – alle Lebensbereiche gemeinsam sorgen für Stabilität und tragen das »Dach«, das für unsere Identität steht. Wenn nun eine Säule nicht mehr stabil ist, wenn also beispielsweise Rückenschmerzen den Alltag erschweren, wenn im Job Probleme auftauchen oder Streit mit dem Partner oder der Partnerin für Frust sorgt, bedroht das noch nicht die Stabilität der Identität. Die anderen vier Säulen sorgen für ausreichend Halt. Wenn aber immer mehr Säulen ins Wanken geraten oder gar in allen Lebensbereichen Probleme auftauchen, kann eine Identitätskrise entstehen, die auch psychische Krankheiten wie beispielsweise Suchterkrankungen, Essstörungen, Schlafprobleme oder Depressionen nach sich ziehen kann.

Die Krisenbewältigung ist sehr individuell. Einige Menschen scheinen sämtliche Krisen problemlos wegzustecken, andere verspüren selbst in kleineren Krisen einen hohen Leidensdruck. Dies ist unter anderem auf eine unterschiedliche »seelische Widerstandskraft« zurückzuführen, auch »Resilienz« genannt. Die Wissenschaft ging lange davon aus, dass die Resilienz größtenteils angeboren ist. Inzwischen ist aber nachgewiesen, dass Sozialisation, Erziehung und Erfahrungen ebenfalls einen Einfluss haben und Resilienz somit trainiert bzw. erlernt werden kann.

In einer Krise neigen viele Menschen dazu, in gewohnte Muster zu verfallen. In einer akuten Überforderung lässt das Gehirn kaum zu, neue und ungewohnte Problemlösungsstrategien zu entwickeln, sondern greift auf altbekannte Gewohnheiten zurück, selbst wenn diese kontraproduktiv sind. Auch nach der rationalen Akzeptanz der Krise und der damit einhergehenden Veränderung kann es eine

Weile dauern, bis das Verlassen gewohnter Verhaltensmuster emotional überhaupt möglich wird.

Viele Modelle in der Psychologie sehen Krisen als wichtige Prozesse in der Persönlichkeitsentwicklung an. Nur durch Konflikte, Wende- und Entscheidungspunkte können wir wachsen, unsere eigenen Werte definieren und Erfahrungen sammeln. Je häufiger wir erleben, dass eine Krise eine Wendung zum Guten bedeuten kann, desto mehr Resilienz können wir entwickeln – und in Zukunft gelassener und positiver mit Krisen umgehen.

Der Anfang (Nachwort)

Ich stehe im Wohnzimmer und falte Wäsche. Ich habe Musik angemacht, all meine To-dos für heute bereits erledigt und kann es geradezu genießen, die drei Körbe Wäsche Stück für Stück zusammenzulegen und in die Schränke einzusortieren. Jens ist mit den Kindern draußen, ich singe Popsongs aus den 90ern und bin richtig gut drauf. Wenn ich stundenlang Nachrichten beantwortet, Bilder bearbeitet und Texte gelernt habe, tut es gut, etwas mit meinen Händen zu tun und die Gedanken schweifen zu lassen.

In meinen depressiven Phasen waren meine Gedanken ein bisschen wie diese Wäscheberge. Alles baute sich vor mir auf: die Erwartungen von außen, mein eigener Perfektionismus, meine Schuldgefühle, nicht erledigte Aufgaben, das schlechte Gewissen. Statt mich all dem zu stellen, versteckte ich mich unter meiner Decke.

Doch nun bin ich Stück für Stück diese Themen angegangen, habe ein Teil nach dem nächsten angeschaut, zusammengefaltet und einsortiert. Natürlich liegen auch jetzt ab und zu Sorgen, Ängste und Unsicherheiten in meinem mentalen Wäschekorb. Das ist nur menschlich. Aber wenn es mir gut geht, so wie jetzt, kann ich alles wegräumen und dabei mit Inbrunst R.E.M. mitsingen:

> *»Don't let yourself go*
> *'Cause everybody cries*
> *Everybody hurts sometimes*
> *Sometimes everything is wrong*
> *Now it's time to sing along.«*

Nach meinen ersten Krisen habe ich mir geschworen, nie mehr so tief zu fallen. Inzwischen weiß ich: Es könnte wieder passieren. Das zu akzeptieren, ist nicht leicht. Ich wünsche mir, dass es nicht wieder geschieht, aber ich bin ein Mensch, der zu starken seelischen Reaktionen neigt. Eine Vorgeschichte mit psychischen Krisen ist immer ein Risikofaktor, erneut zu erkranken. Natürlich habe ich inzwischen viel über mich selbst gelernt, kenne Techniken und Strategien, die mir helfen, und weiß, welche Glaubenssätze mir selbst im Weg stehen. Doch ich weiß auch, dass das Leben noch einiges für mich bereithält. Ich werde Rückschläge, Umbrüche und Krisen erleben. Und es könnte sein, dass ich dann in alte Muster verfalle, alles vergesse, was ich gelernt habe, und nicht mehr weiß, wie es weitergeht.

Ich will die tiefschwarzen Gedanken nicht wieder erleben. Doch wenn es dazu kommt, weiß ich: *Don't let yourself go*. Mit Hilfe von außen komme ich da wieder raus. Es ist nicht alles verloren, auch wenn es sich in dem Moment so anfühlt. Diese Erfahrung wird mir in Zukunft sicher noch weiterhelfen.

Isa schafft das schon – dieser Satz hat mir oft viel Druck gemacht. Ständig habe ich gedacht, dass ich alles allein stemmen muss, dass ich versagt habe, wenn ich um Hilfe bitte. Heute weiß ich: Nein, Isa schafft nicht alles. Isa ist auch nur ein

Mensch, und manchmal braucht Isa Hilfe. Was soll ich sagen – seit ich das akzeptiert habe, geht's mir richtig gut. Anders gesagt: Ab und zu brauche ich Unterstützung beim Wäsche falten, wenn die Berge zu hoch werden. Marie Kondo hilft beim Aufräumen der Wohnung, eine Therapeutin beim Aufräumen der Psyche. So what? Das ist nichts, wofür man sich schämen muss.

Auch im Alltag haben wir akzeptiert, dass wir an unsere Grenzen kommen. Jens und ich arbeiten beide unglaublich gern. Doch mit zwei kleinen Kindern ist es nahezu unmöglich, allem und allen gerecht zu werden. Jens' Job, meine Jobs, die Kinder, der Haushalt, die unsichtbare Care-Arbeit vom Geschenkekaufen für den Kindergeburtstag bis zum Turnbeutelpacken fürs Kinderturnen, alles kostet Zeit. Auch unsere Tage haben nur 24 Stunden. Und dann wollen wir noch Paar bleiben, nicht völlig gestresst von einem To-do zum nächsten hetzen, ausreichend schlafen und Zeit für uns haben.

Als ich mein Tief überwunden hatte, habe ich deshalb sofort und intensiv damit begonnen, Unterstützung zu suchen.

»Wir brauchen einen Babysitter«, habe ich zu Jens gesagt. »Zweimal die Woche am Nachmittag. Damit wir Zeit für uns haben.«

»Wollen wir uns das denn wirklich leisten?«, zweifelte Jens.

Zugegeben, ich war mir auch nicht ganz sicher. Dennoch schrie alles in mir nach Hilfe. Ich war und bin fest davon überzeugt, dass wir als Familie besser funktionieren, wenn da noch jemand ist. Wenn wir nicht alles allein schaffen müssen.

Dann wurde Jens ernster. »Das ist eine echte Investition. Wenn wir einen Babysitter anstellen, bleibt viel weniger Geld für uns.«

»Ich weiß«, antwortete ich. »Aber wenn wir es nicht tun, habe ich Angst, dass wir uns verlieren.«

Jens schaute mich von der Seite an und überlegte. Ich hielt die Stille aus, weil ich wusste, dass es in seinem Kopf arbeitete und ich diese Gedanken nicht unterbrechen wollte. Schließlich sagte er: »Okay. Wir probieren es. Wir können uns an ein paar Stellen einschränken. Nichts ist so wertvoll wie Zeit.«

Es dauerte nicht lange, da fanden wir eine Frau Anfang fünfzig, sportlich, aktiv, liebevoll und mit unglaublich beruhigender, angenehmer Ausstrahlung. Die Kinder verliebten sich sofort in sie. Und wir uns auch.

Mir ist bewusst, wie wenig selbstverständlich es ist, dass wir uns diese Unterstützung leisten können. Dafür verzichten wir auf andere Dinge, die uns wichtig sind. Unsere Kinder, unsere Familie sind es uns wert. Nichts ist kostbarer, nichts gilt es mehr zu beschützen. Außer vielleicht unsere Gesundheit. Und zu der gehört eben nicht nur der Körper. Das habe ich nun endlich verstanden.

Als ich nach einem Drehtag nach Hause komme, rennen mir die Kinder in die Arme.

»Mamaaaa, wir waren auf einem neuen Spielplatz!«, quatscht Ella drauflos.

»Und wir durften ein Eis essen! Ich hatte Schokolade!«, erzählt Fritz aufgeregt.

»Und dein Pullover auch«, lacht Jens, und ich bemerkte den riesigen Schokoladenfleck auf Fritz' Bauch.

Alles an meinen Kindern strahlt pure Lebensfreude aus. Sie springen glücklich durch die Wohnung, rufen »Pupsi!«, »Selber Pupsi!« und kichern. Gemeinsam laufen sie ins Kinderzimmer. Mal sehen, was sie nun aushecken.

Ich lasse mich aufs Sofa fallen und grinse. Wo nehmen Kinder bloß diese unbändige Energie her?

Jens zieht sich die Schuhe aus und setzt sich neben mich. Er sieht müde, aber zufrieden aus, nimmt meine Hand, gibt mir einen Kuss und lehnt sich entspannt zurück.

»Wie geht's dir?«, will er wissen.

»Gut«, antworte ich und spüre nochmal in mich rein. »Ja, es geht mir richtig, richtig gut.«

Er drückt kurz meine Hand und lächelt mich an. »Mir auch.«

Ella rast ins Wohnzimmer und bleibt vor dem Sofa stehen. »Mama, Papa! Kommt schnell! Fritz und ich haben eine Höhle gebaut.«

»Boah, cool, wo denn?«

»In Mamas Krankenzimmer«, ruft sie und flitzt davon.

Ja, mein Krankenzimmer. Das ist jetzt wieder die alte, vollgestopfte Rumpelkammer, in der sich kein Mensch zurechtfindet. Auf dem Bett, in dem ich wochenlang vor mich hinvegetierte, stehen Wäschekörbe, eine Kiste mit Weihnachtsdekoration und ein Sack Katzenstreu.

Ich brauche das Zimmer nicht mehr.

Es geht mir gut.

Anhang/FAQ

Wie erkenne ich, ob ich an einer Depression leide?
Es gibt zwar einige »typische« Symptome, dennoch ist es nicht einfach, eine Depression selbst zu erkennen. Die Deutsche Depressionshilfe (www.deutsche-depressionshilfe.de) stellt online einen Selbsttest zur Verfügung, der einen ersten Hinweis geben kann. Dieser Test ersetzt aber keinesfalls eine medizinische Diagnose. Wer also das Gefühl hat, eventuell unter einer Depression zu leiden, sollte den Hausarzt/die Hausärztin, einen Facharzt/eine Fachärztin für Psychiatrie/Psychotherapie/Nervenheilkunde oder eine:n Psychotherapeut:in aufsuchen. Dabei gilt: Nur keine Scheu! Die Expert:innen können gut einschätzen, ob eine Behandlung nötig ist oder ob das Drehen an einigen Stellschrauben im Alltag dabei hilft, die Krise in den Griff zu bekommen. Lieber einmal zu viel als einmal zu wenig Rat einholen.

Wo finde ich Hilfe?
Grundsätzlich ist der Hausarzt/die Hausärztin erste:r Ansprechpartner:in für die Diagnostik und Behandlung von Depression. Diese:r kann dann eine Überweisung an einen Facharzt/eine

Fachärztin oder eine:n zertifizierte:n Psychotherapeut:in ausstellen. Alternativ können die Terminservicestellen der Kassenärztlichen Vereinigungen (Telefon: 116117, www.116117.de) einen Termin für eine psychotherapeutische Sprechstunde vermitteln.

In akuten Notfällen, beispielsweise bei konkreten Suizidgedanken, können jederzeit psychiatrische Kliniken oder der Notruf (112) kontaktiert werden.

Auch die Telefonseelsorge hilft in akuten Krisen und ist zu jeder Tages- und Nachtzeit kostenlos erreichbar (Telefon 0800/ 1110111, 0800/1110222 oder 116123 oder per Mail und Chat unter online.telefonseelsorge.de).

Was zahlt die Kasse?
Krankenkassen übernehmen die kompletten Behandlungskosten, wenn es sich um eine psychische Störung mit »Krankheitswert« handelt und wenn die Behandlung von einem ärztlich oder psychologisch zertifizierten Psychotherapeuten/einer ärztlich oder psychologisch zertifizierten Psychotherapeutin mit Approbation mit einem der anerkannten Richtlinienverfahren durchgeführt wird. Zu diesen gehören aktuell:

- Verhaltenstherapie
- tiefenpsychologisch fundierte Psychotherapie
- analytische Psychotherapie (»Psychoanalyse«)
- systemische Therapie

Die Diagnose der psychischen Störung muss bei gesetzlich Versicherten verpflichtend in der psychotherapeutischen Sprechstunde erfolgen. Wenn die Krankenkasse die Kosten übernehmen soll, kann es zuweilen jedoch zu sehr langen Wartezeiten von mehreren Monaten kommen, da es in Deutschland aktuell zu wenige Psychotherapeut:innen gibt, die eine Kassenzulassung haben.

Wie kann ich mir selbst helfen?
Bei einer akuten Depression ist eine Behandlung notwendig, hier reicht die Selbsthilfe meist nicht mehr aus. Handelt es sich eher um eine schwierige Lebensphase oder merkt man, dass eine depressive Phase naht, können einige Faktoren dabei helfen, dass es nicht schlimmer wird:

- **Bewegung:** Sport sorgt dafür, dass verschiedene Botenstoffe im Gehirn ausgeschüttet werden, die antidepressiv wirken können. Am besten hilft ein moderates Training – nicht zu viel, nicht zu wenig. Auch ein Spaziergang ist schon viel wert.
- **Licht:** Tageslicht hemmt die Ausschüttung des schlaffördernden Botenstoffs Melatonin und kurbelt die Vitamin-D-Produktion an.
- **Struktur:** Strukturen und Routinen im Alltag geben Sicherheit und sorgen für Fixpunkte. Feste Schlaf- und Essenszeiten beispielsweise sind gerade in Krisenzeiten wichtig und hilfreich.
- **Hilfe annehmen:** Wenn Freunde und Bekannte Hilfe und Unterstützung anbieten, neigen viele Menschen dazu, abzulehnen und sich selbst alles aufzulasten. Hilfe anzunehmen kann für Entlastung sorgen und Stress reduzieren.
- **Reden:** Gespräche mit Familienmitgliedern, Freunden oder Bekannten sorgen für Entlastung. Manchmal tut es gut, sich einfach mal alles von der Seele reden zu können.

Wie kann ich anderen helfen, die an einer Depression leiden?

Da an Depressionen erkrankte Menschen oft nicht den Sinn eines Arztbesuches erkennen, sollten Angehörige die Initiative ergreifen und einen Termin vereinbaren. Auch die Begleitung beim Gang zum Arzt kann wichtig sein.

Die erkrankte Person kann sich in der depressiven Phase sehr verändern, abweisend, sogar unausstehlich sein. Wenden sich dann noch geliebte Menschen von ihr ab, wird sich der Zustand jedoch verschlechtern. Deshalb: Geduld haben, da sein, zuhören und die Erkrankung nicht abtun oder kleinreden. Zudem ist Selbstfürsorge wichtig. Wenn Angehörige merken, dass sie selbst an ihre Grenzen kommen, kann unter anderem der Bundesverband der Angehörigen psychisch erkrankter Menschen (www.bapk.de) Hilfe, Beratung und Betreuung bieten.

Zudem sollten Angehörige mit gut gemeinten Ratschlägen wie »Mach doch mal wieder Sport!«, »Reiß dich einfach zusammen!« oder »Sei dankbar für das, was du hast!« zurückhaltend sein. Ratschläge verstärken möglicherweise die Schuldgefühle. Angehörige sollten die erkrankte Person aber stets unterstützen, wenn diese Eigeninitiative zeigt.

Um die Krankheit besser zu verstehen, hilft es, sich über Artikel, Dokumentationen oder Bücher Fachwissen anzueignen.

Danksagung

Ich kann ehrlich gesagt noch immer nicht glauben, dass du heute dieses Buch in den Händen hältst. Ich habe so lange überlegt, ob ich wirklich über all das schreiben soll, was mich in den letzten Jahren so bewegt hat. Ich bin ein bisschen stolz ... aber auch aufgeregt, was du sagen wirst.

Es gibt so viele Menschen, denen ich danken möchte. Alleine hätte ich das niemals geschafft.

Zunächst richtet sich mein Dank an Heyne. Ich erinnere mich noch genau an das allererste Gespräch mit meiner Lektorin Laura. Ich war so nervös und wusste gar nicht, wie ich anfangen soll zu beschreiben, wie ich mir das Buch vorstelle. Sie und ihr gesamtes Team haben sofort verstanden, was ich ausdrücken möchte. Ihr habt mir mit so viel Feingefühl und Zuwendung gezeigt, dass euch dieses Thema genauso am Herzen liegt wie mir.

Lisa – du fasst das in Worte, was ich fühle ... Danke für die unzähligen Telefonate und Treffen. Danke fürs Tränentrocknen und auch das eine oder andere Glas Wein. Ganz besonders freue ich mich, dass ich in dir nun sogar eine Freundin gefunden habe.

Danke, Claudia – du hast mich kennengelernt, als ich an meinem absoluten Tiefpunkt war, und hast mich mit so viel Geduld und Verständnis wieder aufgebaut. Du hast mir gezeigt, dass es in Ordnung ist, nicht perfekt zu sein.

Danke an mein wundervolles Management, das stets ein offenes Ohr für mich hat und mich so großartig unterstützt. Mit euch werden meine Traumschlösser Realität ...

Danke meiner ganzen, großen, verrückten »Betty«-Familie für die unzähligen schönen Stunden in der Karlsklinik.

Danke an meine Liebsten zu Hause – an meinen Mann und meine wunderbaren Kinder, die mir immer die Kraft und die Zeit gegeben haben, mich meinem Buchprojekt zu widmen. Ohne euch hätte ich das niemals geschafft.

Auch meinen Eltern und meinem Bruder möchte ich von Herzen danken ... Ihr seid immer für mich da und habt schon an mich geglaubt, als die kleine Isa mit der Haarbürste in der Dusche gesungen hat.

Ganz besonders möchte ich euch danken. Dir, der du dieses Buch nun in den Händen hältst. Meiner Community auf Social Media, all den Fans, die nun schon seit fast 10 Jahren an meiner Seite sind. Ich bin ja absolut kein Freund von dem Wort »Follower«, das dafür immer genutzt wird. Denn ihr »folgt« mir ja nicht. Wir sind eine Gemeinschaft, in der wir zusammen lachen, uns gegenseitig inspirieren und – und dafür bin ich ganz besonders dankbar – auch ernsthafte Themen ansprechen und diskutieren können. So geben wir einander Kraft. Als ich euch im Januar 2021 erzählt habe, wie ich mich fühle und dass ich einfach nicht mehr kann, und gefragt habe, »Bleibt das jetzt so?« habt ihr gesagt, nein. Wir stehen das gemeinsam durch. Wir sind für dich da. Diese Liebe und Kraft, die ihr mir gegeben habt, werde ich nie vergessen. Ich möchte, dass ihr wisst – ich bin auch immer für euch da.

Eure Isa